KB234448

세계의
양방향방송광고,
IPTV와 DIGITAL CATV
양방향방송광고 효과

내일을여는지식 / 커뮤니케이션 5

세계의
양방향방송광고,
IPTV와 DIGITAL CATV
양방향방송광고 효과

한세대 미디어영상학부 교수 **안종배** 지음

KSI 한국학술정보(주)

목 차

Ⅰ 머리말

　　방송통신융합의 가속화로 케이블 TV는 디지털케이블 TV로 발전하고 있으며 대표적 방통융합미디어인 IPTV는 2008년 11월부터 본 방송 서비스를 실시하고 있다. 이러한 미디어 환경의 변화는 양방향방송광고가 전개될 수 있는 기반이 구축되고 있는 것이다. 양방향방송광고는 방통융합시대에 주요 수익원이 될 수 있다. 양방향방송광고는 방통융합환경의 양방향서비스가 가능한 IPTV와 디지털케이블 TV에 양질의 콘텐츠 서비스를 공급할 수 있는 주요 재원이 될 것이다.

　　양방향방송광고의 구현과 활성화를 위해서 광고주와 광고업계의 적극적인 참여가 필요하고 디지털미디어의 보급 확대에 따라 방송과 통신의 서비스 경계가 융합되면서 매체환경이 급속도로 변화되고 있는 것이 오늘날 미디어 환경이다. 그런데 정부의 의지대로 디지털미디어 보급정책이 강화될 경우 국민들은 이러한 미디어 환경 변화에 대해 어떻게 생각하고 어떻게 반응할지를 모니터링하는 것은 매우 중요하다. 또한 이러한 방송환경 변화는 방송과 통신의 주요한 수익 모델인 방송광고 시장에도 일대 변혁을 몰고 올 것으로 예상되는바 융합형 양방향방송광고에 대한 효과조사를 통해 양방향방송광고에 대한 효과를 검증하고 활성화를 위한 방안을 제언하고자 하였다.

　　따라서 본서에서는 다음과 같은 사항을 다루었다.

　　첫째, 국내와 해외 주요 국가의 양방향방송광고 현황과 양방향방송광고 사례를 살펴보았다.

　　둘째, 양방향방송광고에 대한 해외의 정책에 대하여 살펴보았다.

셋째, IPTV와 디지털케이블 TV 시청자를 대상으로 실시된 양방향방송광고 효과 조사 결과를 살펴보았다.

넷째, 양방향방송광고의 활성화를 위한 제도 개선 방안과 광고효과 조사 결과의 관련업계 활용방안에 대해 살펴보았다.

이를 통해 세계의 양방향방송광고 현황과 사례를 소개하고 디지털방송환경 변화에 대한 소비자 인식과 향후 기대를 파악하고 기존 형태의 방송광고 대비 양방향방송광고의 선호도와 효과를 측정함으로써 향후 디지털방송 전환에 따른 정책 개발 방향을 설정하고 방통융합에 따른 양방향방송광고의 효과에 관한 검증 자료를 제공하며 소비자 특성별로 효율적인 광고유형 개발에 필요한 기초 자료들을 제공하고 활성화를 위한 방안을 제공코자 하였다.

Ⅱ 세계의 양방향방송광고

1. 국내 양방향방송광고 현황

가. 양방향방송광고의 이해

양방향방송광고는 광고주와 소비자가 방송통신융합서비스와 방송을 통해 상호작용할 수 있는 광고이다. 양방향방송광고의 유형은 영상의 유무에 따라 크게 독립형과 연동형으로 나누어진다. 독립형 광고에는 배너(Banner) 광고와 광고주 전용 페이지(DAL)를 이용한 광고가 있다. 광고주 전용 페이지(DAL: Dedicated Advertiser's Location)는 광고주가 자사 제품과 서비스에 관해 보다 다양한 정보를 제공하기 위한 광고주 전용채널을 말한다. 연동형 광고에는 광고 속 광고와 프로그램 속 광고가 있다. 광고 속 광고(CM In CM)는 기존 광고에 양방향광고를 삽입한 것으로 영상과 연동하여 해당 상품의 부가 정보를 제공해 주는 광고를 의미한다. 프로그램 속 광고(CM In Program)는 방송 프로그램 속에 양방향방송광고를 삽입한 것으로 영상과 연동하여 관련 상품에 대한 부가 정보를 제공하는 광고이다. 배너 광고는 띠 광고 형태로 노출되는 광고 유형을 의미하며 이미지로 처리되어 단독 운영되거나 다른 광고 콘텐츠를 리드하는 형태로 사용된다. 이 외에도 양방향방송의 장점을 이용한 다양한 유형의 광고가 있을 수 있다(안종배·고장원, 2003).

양방향방송광고의 활성화는 방송과 통신의 융합, 방송의 디지털화를 근간으로 한다. 디지털방송 시스템은 크게 디지털 지상파, 디지털 위성방송, 디지털케이블 등으로 나눌 수 있으며, IPTV와 DMB도 그 한 축을 담당한다. 방송과 통신의 발전은 기술의 발전이 주도해 왔다. 흑백 TV에서 컬러 TV로의 전환이 이루어진 후, 시간이 흐르면서 컬러라는 단어가 사라졌듯이, 최근 등장한 IPTV, DMB 등 새로운 형태의 방송 방식이 자연스럽게 TV로 인식될 것이다.

우리나라도 방송의 디지털 전환을 서두르고 있다. 방송위원회와 정보통신부의 부처 간 이해관계가 첨예하게 대립됐던 구도에서 이명박 정부가 들어서며 방송위원회와 정보통신부를 방송통신위원회로 통합하면서 관련법규 및 시행령에 대한 변화도 추진 중에 있다. 2012년 아날로그 방송이 종료되면 디지털 CATV 및 IPTV 가입가구 수는 850만 가구를 넘어설 것으로 예상된다. IPTV 서비스가 2008년 11월 본격적으로 개시되었다. 정부는 디지털 TV의 수상기 보급 확대 등을 내용으로 한 활성화 정책 마련 및 추진에 박차를 가하고 있다. 방송의 디지털 전환에 따라 디지털튜너 의무내장과 아날로그 방송의 종료 시기를 2012년으로 결정했다.

디지털 CATV, IPTV 등 디지털방송통신 업체도 사업성이 있어야 존속할 수 있기에 유료방송 시장이 확대되고 있다. 그런데 유료방송 시장에서는 상기 그림의 유럽 방송 사례에서 보는 바와 같이 새로운 시장으로 형성되고 있는 양방향방송광고 시장이 디지털방송 업체의 주 수익원이 될 것으로 보인다.

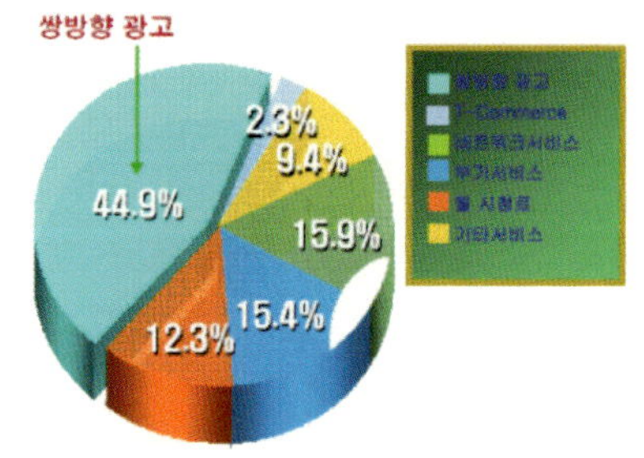

출처: GoldMedia, 2005

〈그림 1〉 유럽 양방향방송수익구조

디지털방송 시대에는 고화질의 양방향방송광고가 방송사의 프로그램 편성에 상관없이 항상 제공될 수 있으며, 트리거(TRIGGER)기능을 통해 관련 상세정보와 함께 즉시 주문이 가능하게 된다. 이에 따라 기존 방송광고의 개념과 기존 방송광고 시장의 변화가 예상된다. 방송광고 시장의 변화에 따라 광고 심의규정을 개정하는 등 정부의 정책도 변하고 있다.

디지털방송에 따른 주요 정책과제로는 국민들의 낮은 인지율 및 보급률 제고 문제와 디지털 전환에 대한 통합 홍보 및 관련 통계 부재, 디지털 전환을 전담할 실행기구의 부재, 홍보 및 시청자 지원에 소요되는 재원 조성 문제 등이 대두되고 있다.

양방향방송광고는 디지털 TV 보급률, 경쟁력 있는 양방향방송 콘텐츠의 공급을 근간으로 하기에 방송 콘텐츠 시장도 변하고 있다. 양방향 서비스 도입에 따라 지상파 방송의 광고수입 감소가 예상되며, 아울러 융합 서비스로 인해 플랫폼 구분이 모호해져 저작권 관리가 복잡화해질 것으로 보인다. 저작권 문제는 특히 계약기간이 명확한 광고 분야에도 적용될 것이다.

디지털 CATV는 IPTV와의 본격 경쟁에 대응하여 케이블 TV 사업자(MSO)들이 결합상품 경쟁력 강화를 위해 디지털케이블 가입자 수 확대에 총력을 기울이고 있다. 케이블 TV 사업자(MSO)들은 10월 말 현재 디지털케이블 방송 가입자 수를 180만 가까이 늘리면서 가입자의 디지털 전환에 노력하고 있다. 특히 CJ헬로비전, 씨앤앰과 더불어 빅3로 불리는 티브로드가 디지털 전환에 본격 나섰고, HCN 등 주요 MSO 역시 트리플플레이서비스(TPS) 등의 결합상품으로 디지털 전환을 서두르고 있다. 디지털 전환율은 큐릭스와 GS 계열은 각각 '08년 8월을 기점으로 10만 명을 최초로 돌파했다. 티브로드 역시 14만 명을 기록, 6월(10만) 대비 디지털 전환비율은 높아지고 있다. HCN의 디지털 가입자 증가도 가파른 상승세다. 6월 말 6만 6,943명이던 HCN의 디지털방송 가입자는 8월 말 현재 8만 9,000명으로 늘어났다. 2006년 국내 최초로 디지털 전환을 시작한 CJ헬로비전의 디지털 가입자 수는 '08년 8월 말 현재 61만 명으로 1위를 기록 중이다. 2007년 7월 케이블업계 최초로 디지털케이블 TV HD 상용서비스를 시작한 씨앤앰은 44만을 넘어섰다.

한편 방송통신위원회가 선정 완료한 IPTV 상용서비스 업체는 현재 메가 TV를 서비스하고 있는 KT, 브로드앤 TV를 서비스하고 있는 SK브로드밴드, myLGtv를 서비스하고 있는 LG데이콤이 있다. 추가 신청을 받고 있기는 하나 기술적, 재정적 기반을 고려한다면, 향후 3개사의 경쟁 구도가 이어질 것으로 보인다.

〈그림 2〉 IPTV 프로그램 가이드

나. 양방향방송광고 산업의 현황

1) 양방향방송광고의 중요성

양방향방송광고는 미래 방송의 중요한 비즈니스 모델이 될 수밖에 없다. 다채널 시대는 디지털방송의 도입으로 채널 수가 증가하게 되고, 증가된 채널 수와 비례하여 각 프로그램의 평균 시청자 수는 감소하게 되며, 각 채널의 시간당 광고수익은 감소할 수밖에 없으므로 양방향방송광고와 같은 서비스가 주요 수익원이 된다.

양방향방송광고 서비스가 보편화되면 광고주 입장만을 십분 반영한 매스 마케팅 시대를 마감하고, 대형 유통 소매점 시대를 거쳐 소비자 위주의 통합 마케팅 커뮤니케이션(IMC) 시대에 접어들 것이다.

양방향방송광고 전략의 성패 여부는 IPTV, 디지털케이블 등 디지털 TV

매체를 이용하여 광고 콘텐츠를 얼마나 유효적절하게 양방향의 장점과 결합하느냐에 달려 있다. 그동안의 디지털 TV를 통한 방송광고의 전략적 핵심 과제는 간접광고(PPL)에서 그 가능성을 예견할 수 있듯이 소위 '상품에 어떠한 방식으로 드라마 성을 부여해 브랜드 가치를 강화해 내느냐'이다. 이와 동시에 소비자의 즉각적 상품 주문을 보장할 수 있는 이른바 가상공간인 DAL(Designated Advertisers Location)을 어떤 콘텐츠로 채워 시청자들의 시선을 붙들지가 제품 판매를 결정하게 된다.

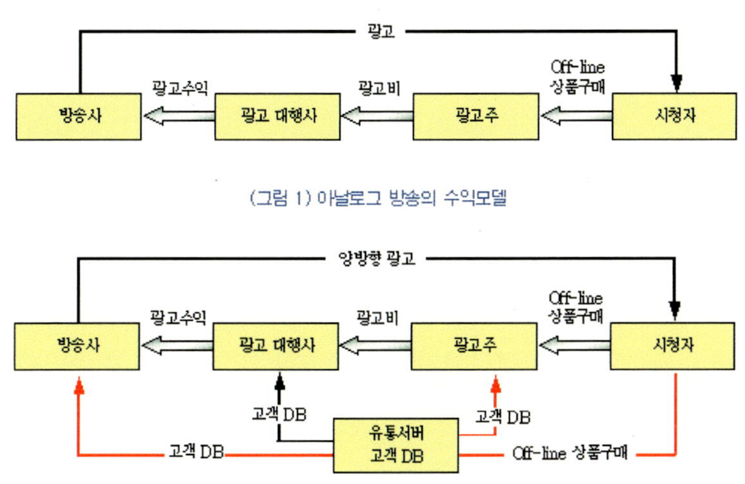

〈그림 3〉 기존 방송광고와 다른 양방향광고의 수익모델

광고주들은 기존 미디어들과 조화를 이루면서 짜임새 있는 미디어 믹스 전략을 세워야만 양방향방송광고 효과를 극대화할 수 있을 것이다.

광고회사들은 양방향방송광고에서 이루어질 T-Commerce와 같은 서비스가 광고 산업의 영역인지, 유통산업의 영역인지 고민하고 있다. 정부정책 역시 시장의 파급효과를 예측할 수 없어 최소한 결정해야 할 것들만을 결정하여 사업자들이 만족할 만한 수준의 정책적·제도적 방안을 마련하지 못하는 실정이다. 정부정책이 어느 한 단계에 초점을 맞추기보다 이들 각 요소의 가치 사슬을 정확하게 판단하여 가이드라인을 세울 필요가 있다.

2) 국내 양방향방송광고 현황

우리나라는 2003년 5월, 유료방송 사상 처음으로 DVB – MHP(Digital Video Broadcasting – Multi Home Platform) 기술을 기반으로 하는 디지털 TV 서비스를 개시하여, 지금까지 디지털위성방송 스카이라이프는 국내 최초의 Interactive data Broadcasting 서비스를 제공하고 있다. 스카이라이프는 200만 시청자들에게 디지털 TV의 양방향방송서비스를 제공하고 있다.

스카이라이프가 최초로 양방향방송광고를 선보인 것은 2005년 12월, 세계 여러 나라에 양방향광고 효과를 시험해 오던 필립스의 음파칫솔광고를 통해서였다. 당시 시청자들은 화면에 떠오른 공지에 따라 리모컨의 빨간색 버튼을 누르면 음파칫솔 DAL로 이동하게 되어, 좌우의 버튼을 클릭하는 것을 통해 제품의 주요기능과 각 기능별 상세한 설명을 검색할 수 있었다. 필립스가 제공하는 이벤트에도 참가할 수 있었는데, 시청자가 이벤트 화면에서 리모컨으로 휴대폰번호를 입력하면 무료쿠폰이 휴대폰으로 발송되고 각 백화점매장에서 칫솔모를 무료로 받을 수 있게 했다. 스카이라이프와 필립스의 특별한 만남은 3개 채널에서 한 달 동안 집행되었는데 약 5,000여 명의 시청자가 광고주가 별도로 준비한 DAL로 리모컨 버튼을 통해 이동하였으며, SMS 무료쿠폰 이벤트 참여자는 1,500여 명에 달했다.

2006년 9월에는 메가패스 CIC 광고가 집행됐다. 초기 필립스광고의 케이스에서 진화된 측면이 있다면 동적인 메이킹 필름을 통해 시청자들이 DAL에 머무는 시간을 늘렸다는 점과 리모컨 작동이 간편하도록 선택사항을 줄였다는 점 등이었다. 초기의 이러한 시범적인 시도들 뒤에 스카이라이프 광고 사업팀은 현재도 다양한 양방향광고의 집행을 기획하여 추진해 가고 있다.

디지털 데이터방송이라는 개념으로 다양한 채널선택권을 제공하던 디지털위성방송 Sky life는 2006년 7월 18일부터 한국 P&G사의 장진영이 메인 모델로 활약하는 여성화장품(SK Ⅱ)을 대상으로 본격적인 DAL형 양방향광고를 시행했다.

출처: 스카이라이프

〈그림 4〉 여성화장품 SK‒Ⅱ의 양방향광고

한국 P&G에서 수입하는 여성화장품 SK‒Ⅱ의 양방향광고는 OCN, OnStyle 33개 채널 광고시간대와 PP 프로그램인 OnStyle의 패션 정보 프로그램 'Style Picks' 방송화면 중 제품 광고 아이콘을 노출시켜 양방향 리모컨의 빨간 버튼을 누르고 광고주 데이터채널(DAL)로 이동하여 제품 이해 및 이벤트에 참여할 수 있도록 한 서비스이다. 장진영 광고의 양방향광고 실행 경우는 TV에서 상품의 즉각적인 주문이 가능해져서 실제적인 판매로까지 이어지고 있다는 점이 주목된다. 5,000만 원의 예상금액으로 광고 중 노출되는 양방향광고 아이콘을 통한 제품 구매, OnStyle 특정 채널에서 홍보 스팟을 내보내는 방식, 그리고 특정 프로그램 안에서도 PPL 형태로 제시된 제품을 구매하는 것 및 이벤트 참여 서비스 등 다각적인 형태로 집행되었다. 이렇게 해서 소비자가 TV프로그램, EPG 또는 광고를 시청하면서 TV 리모컨을 이용해 의도적으로 광고물에 대한 평가, 브로슈어, 카탈로그 등 상품이나 서비스에 대한 추가정보를 요청하거나 상품의 견본이나 할인권 등 프로모션활동에 참여하고 더 나아가 상품을 직접 구매할 수도 있다.

현재 디지털위성방송 스카이라이프에서는 세 가지 방법으로 양방향광고를 시청할 수 있다. 우선 iTV Portal이라고 하는 독립형 서비스는 데이터방송 전용채널(SkyTouch)을 통해 게임, 음악, 증권 등 26종의 데이터방송서비스를 하고 있다. 강화된 양빙향광고(Enhanced Interactive Broadcasring)에서는 지난

17대 총선중계방송 때와 같이 24시간 채널연동을 통한 데이터방송이나 지상파 및 PP채널 프로그램과 연계된 데이터방송을 하고 있다. 세 번째로 DAL은 TV 속에 광고주의 홈페이지가 구축되는 형태로, A/V프로그램이나 일반광고 화면상에서 별도의 아이콘이나 배너로 시청자를 DAL로 유도하고 선택했을 경우에 화면이 광고주 TV홈페이지로 변환되어 광고주의 각종 기업 PR, 상품정보 등을 인터넷 웹상과 유사하게 시청하는 형태로 구현된다.

스카이라이프에서는 TV 속에 광고주의 홈페이지를 갖는 DAL 방식의 양방향광고를 확대해서 양방향광고 수요층을 넓히는 동시에 광고주와 시청자의 직접교류를 높이고 있다. 현재 스카이라이프에서는 국내 자체기술로 iTV Portal 화면에서 상하단 배너 광고로 24시간 광고를 할 수 있는 방법부터 시작해서 iTV 홍보채널 400번에서의 전화면 광고, 프로그램과 연동하는 PP(On Media) 연합 양방향광고 등이 자유롭게 구사되는 중이다.

IPTV의 출범과 함께 양방향방송광고도 선을 보이고 있다. SK브로드밴드가 2008년 11월 IPTV 제공사업자 중 최초로 양방향광고를 시작했다. SK브로드밴드가 '브로드앤TV'를 통해 선보인 IPTV 양방향광고는 삼성전자 '또 하나의 가족' 캠페인과 기아자동차 크로스오버 CUV 차량 '쏘울(SOUL)' 캠페인 등 2편이다. 삼성전자 '또 하나의 가족' 캠페인은 TV를 통해 방송됐거나 방송 중인 '할머니의 손맛'과 '훈이네 올림픽', '게임 나라 훈이' 등 3편의 에피소드 중 인상 깊은 1편을 뽑는 이벤트로 진행했다. 기아차 '쏘울' 광고는 다양한 퀴즈 이벤트를 통해 시청자 참여를 유도했다. 브로드앤 TV 시청자는 주문형 비디오(VoD) 프로그램 다운로드 중에 제공되는 광고나 홈 메뉴를 통해 삼성전자와 기아차의 광고 이벤트에 참여할 수 있고 휴대폰 번호를 입력하는 방식으로 해당 이벤트 홈페이지에서 당첨 여부를 확인할 수 있다.

KT경영연구소(2008)에 의하면 2015년에 IPTV 광고 시장 규모(8,531억 원)가 케이블 TV(7,506억 원)를 추월할 것으로 전망하고 있다.

3) 국내 T-Commerce 현황

해외의 양방향방송은 크게 두 가지 모델로 분류할 수 있다. 영국을 대표로 하는 유럽식은 별도의 전용 데이터 채널을 이용하는 양방향방송 방식이다. 미국은 양방향 데이터가 연계되는 Enhanced TV 방식으로 광고시간대를 활용한 T-Commerce가 성행하고 있으며, 점차 일반 A/V 프로그램까지 T-Commerce가 도입되고 있다. 일본에서는 유럽처럼 A/V 채널들로부터 독립된 데이터 채널에서 T-Commerce 보급이 활성화되고 있다. 양방향광고의 상용화 및 활성화를 시도해 온 영국과 일본, 미국의 선례는 효과적인 양방향 디지털기술, 양방향광고문화를 정착시키기 위해서는 다각도의 전면적인 시도들이 강구될 필요가 있음을 주지시킨다.

국내에서 교보생명은 스카이라이프 TV 매체를 매개로 개인상담 및 계약체결을 2007년 8월 시도했다. 2008년 8월 현재, 주요 홈쇼핑 사업자의 T-Commerce 매출액은 평균 9억 원 수준에 머물고 있으며, 사업자는 총 67개로 홈쇼핑 사업자를 제외한 대부분의 사업자가 SMS나 음악, 영화 다운로드 서비스에 머물고 있다

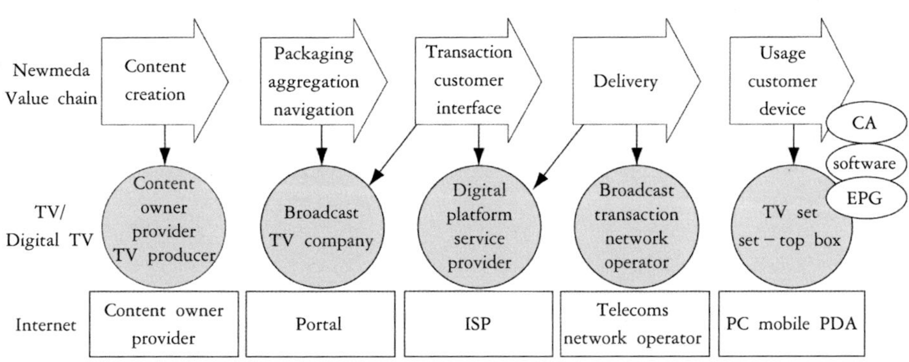

EPG: Electronic Program Guide   CA: Conditional Access   ISP: Internet Service Provider
<자료>: Ofum(Digital TV and Telecoms: Opporunities and Thueats for Market Flayers Chaper E)

출처: Ofum

〈그림 5〉 T-커머스 밸류체인

T-Commerce 활성화의 저해 요인은 아직까지 양방향방송광고가 활성화

되지 못하고 있는 점을 들 수 있다. 디지털방송이 지상파, 위성, 케이블 모두 시작되었지만 도달할 수 있는 시청자는 제한적이고, 디지털방송의 우선순위가 광고보다는 고화질의 프로그램 공급에 방송사들이 주력하고 있기 때문에 제도적으로는 가능하지만 실현의 정도가 낮다. 아직까지 디지털방송의 보급률이 미약하고, T-Commerce가 가능한 광고보다 프로그램 위주로 진행되고 있기 때문에 광고에서의 T-Commerce가 제한적이다.

광고회사나 광고주가 광고에서의 T-Commerce의 성공 여부에 대해서 확신하지 못하고 있다. 30초 이내의 광고가 보편적인 국내 매체환경에서 그 짧은 시간에 구매를 결정하고 구매에 임하는 소비자가 많지 않을 것이라는 회의가 지배적이기 때문이다. 또 해외의 TV 광고를 보면, 직접 판매보다는 할인쿠폰이나 견본, 카탈로그의 제공과 같은 구매유도 행위가 더 많다는 점에서 광고에서의 T-Commerce에 대한 논의가 제한적일 수밖에 없다.

정책, 제도적으로 T-Commerce가 활용될 수 있는 여건이 조성되지 못하고 있다. T-Commerce가 부가된 광고의 경우, 광고단가 방송발전기금의 수수료 징수 여부, 징수 방법, 연동형 T-Commerce 광고를 보다가 리모컨 클릭으로 독립형 T-Commerce 광고로 이동할 경우, 다음에 이어지는 광고나 프로그램을 어떻게 보호할 것인지에 대한 결정을 못 하고 있다. 이렇게 불명확한 사업 환경은 관련 사업자들의 적극적인 투자를 이끌어 내지 못하는 요인이 되고 있다.

최근 KT와 애경그룹 유통부문은 애경백화점·삼성플라자·삼성몰이 판매 중인 각종 상품들을 메가 TV에 공급하는 계약을 체결했다. 이번 공급계약을 통해 2009년 1월 말부터 애경백화점 및 삼성몰의 쇼핑 서비스를 메가 TV의 쇼핑 메뉴에 주문형 비디오(VOD) 형태로 입점하고, 점차 서비스 항목을 늘려 나가기로 합의했다. 메가 TV는 롯데, GS홈쇼핑 등 6개의 홈쇼핑 외에도 애경백화점, 삼성몰 등의 콘텐츠를 확보하게 되어 메가 TV 쇼핑 내 사업군을 확장할 수 있게 됐다. 애경그룹 유통부문 역시 T-커머스라는 새로운 유통 채널을 확보하면서 기존 온, 오프라인 매장과 연계한 시너지 효과를 창출할 수 있을 것으로 기대된다.

2. 해외 양방향방송광고 현황

가. 디지털 TV 해외 현황

2007년 세계의 디지털 TV 가입가구 수는 2억 3,900만 명으로 디지털 TV 보급률이 22%에 이르고 2012년에는 5억 400만 명으로 전체 TV 가구 수의 약 43%가 디지털 신호를 수신할 것이다. 특히 북아메리카의 경우 2012년에 98%의 보급률을 보일 것으로 전망된다. 2006년 말까지 영국은 74%로 가장 높은 디지털 전환율을 보였다. 2012년에는 10개국이 90% 이상, 29개국이 50% 이상의 디지털 보급률을 보일 것으로 보인다.

<표 1> 2012년 디지털 TV 보급 전망

(단위: 백만 명)

	디지털지상파	케이블	디지털위성	IPTV	총 TV 가구 수
아시아	20	113	32	16	625
동유럽	7	11	9	2	127
서유럽	54	36	32	12	156
라틴아메리카	2	12	7	1	110
중동	2	2	2	0	20
북아메리카	12	76	38	5	133
합계	97	249	120	37	1,172

주: 1. 디지털지상파는 케이블, 디지털위성, IPTV 신호를 수신하지 않음
　　2. 총 TV 가구수는 디지털과 아날로그 수신 가구를 포함
　　3. 중동은 이스라엘과 터키만 해당
자료: TVintemational(2007)

<표 2> 디지털 지상파를 제외한 2012년 디지털 TV 보급 전망

(단위: 백만 명)

구분	2006	2007	2008	2012
아시아	36	54	75	181
동유럽	6	9	12	29
서유럽	62	80	93	135
라틴아메리카	6	8	10	23
중동	2	2	3	6

구분	2006	2007	2008	2012
북아메리카	74	86	98	130
전체	185	239	291	504

주: 수치는 연말 기준, 중동은 이스라엘과 터키만 해당
자료: TVintemational(2007)

전 세계적으로 디지털 TV 시장이 가장 발전한 곳은 영국이며, 그 뒤를 미국 그리고 유럽의 여러 나라들이 뒤쫓고 있다. 영국에서는 이미 2002년 말 디지털 양방향 TV 보급률이 전체 가정의 40%에 달했다.

영국의 디지털 TV 보급률은 2006년 말 이미 70퍼센트를 넘어섰다. 영국의 디지털방송을 시청하는 가구들은 지상파와 위성에 대한 선호도가 강하며 이들 플랫폼은 지난 2년간 디지털 TV 보급의 주요한 플랫폼으로 성장해 왔다. 지상파와 위성 무료 디지털방송인 Freeview와 Free‑to‑view의 성장은 영국의 방송 디지털화를 한층 강화하는 요인으로 작용했다. 방송의 디지털화가 지속적으로 확산되는 주요 원인 중 하나로 보조 디지털 TV 수신기의 증가를 꼽을 수 있다. 이를 통해 보다 많은 가구가 디지털 TV에 대한 인지도를 높이게 되었고 보다 많은 채널을 선택할 수 있는 기회가 생기게 되었다. 2006년 2·4분기의 보조 디지털 TV 수신기 보급 대수는 700만 대에 이르며, 2004년 2·4분기 200만 대 미만이었던 것에 비하면 괄목할 만한 성장을 보이고 있다.

영국의 정보통신 규제기구인 Ofcom에 따르면 2006년 2·4분기에 전 분기에 대비해 유료 TV(Pay TV)는 1.0퍼센트, Free view는 0.9퍼센트 증가했으며 전체 디지털 보급률은 영국 전체 가구 수의 70.2퍼센트에 이른다. 또한 아날로그 케이블 가입자 수를 포함한 다채널 보급률은 72.0퍼센트이다. 영국은 2008년 말에 지역단위로 방송의 디지털화가 완료된다.

2012년까지 북아메리카와 서유럽의 디지털화가 빠르게 진행될 것이다. 국가별로는 미국이 전 세계 디지털 TV 가입가구 수의 23%를 차지하여 최상위를 유지할 것으로 보이며, 중국이 두 번째로 높은 보급률을 나타낼 것으로 전망된다.

매체별로 살펴보면 디지털케이블 방송이 디지털 전환의 견인차 역할을 하고 있어 2012년에 전체 디지털케이블 가입가구 수가 2억 4,900만 명에 이를 것으로 전망된다.

디지털위성방송은 2007년에 8,700만 명의 가입가구 수를 확보할 것으로 보이나 다른 매체보다 영향력이 약화될 것으로 예상된다. 디지털위성방송의 가입가구 수는 2012년까지 3,300만 명으로 증가할 것으로 보인다.

디지털 지상파 TV는 현재로서는 다른 매체에 비해 전환율이 낮은 편이나 아날로그 전송이 종료되면서 향후 10년간 큰 변화를 보일 매체이다. 디지털 지상파는 2007년에는 4,780만 명, 2012년에는 9,710만 명으로 그 수치가 급격히 증가할 것으로 전망되고 있다.

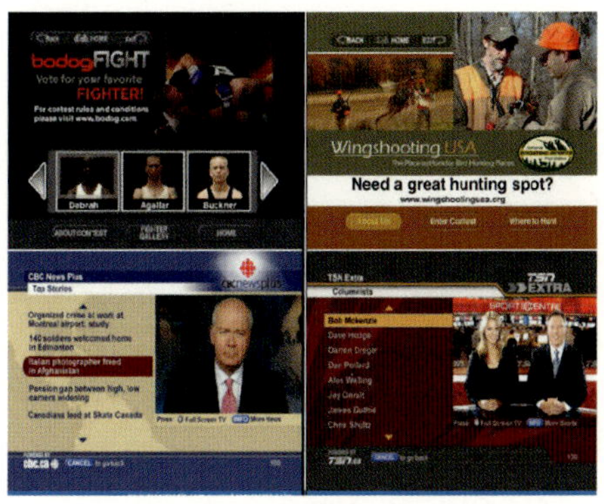

〈그림 6〉 IPTV 프로그램 예시

IPTV는 니치(niche) 시장에 적합한 플랫폼이다. IPTV는 케이블 보급률이 낮은 국가에서 빠른 성장을 기대할 수 있으며 2012년에는 아시아와 서유럽이 전체 가입가구 수의 78%를 차지할 것으로 보고 있다.

나. 국가별 IPTV 해외 현황

IPTV 서비스가 2008년 10월 국내에서도 본격 개시되었다. 전 세계적으로는 디지털가입자회선(DSL) 가입자의 꾸준한 증가와 고화질 동영상 보급 확대, 그리고 IPTV 사업자 증가 등에 힘입어 빠른 성장세를 구가하고 있다. 전 세계 IPTV 가입자는 2007년 1,350만 명에서 2013년 9,000만 명으로 큰 폭의 증가가 예상된다.

〈표 3〉 주요국 IPTV 서비스 현황

구분	서비스 시작	주요사업자	가입자 수(2007년 말)
프랑스	2003년	프리, 프랑스, 텔레콤, 네프 세게텔 등	400만여 명
미국	2004년	AT&T, 버라이즌, 슈어웨스트 등	190만여 명
홍콩	2003년	PCCW	65만여 명
일본	2003	소프트뱅크, KDDI, BB 케이블	100만여 명

〈출처: ABI 리서치〉

IPTV는 현재 미국과 프랑스, 스웨덴, 이탈리아, 중국, 홍콩 등 15개국에서 서비스되고 있다. 특히 유럽의 성장 속도가 빠르다. 유럽은 다른 지역과 달리 디지털가입자회선(DSL) 보급이 낮은 대신 디지털방송 분야가 앞서 있어 IPTV가 성장하는 데 최적의 조건을 갖췄다. 유럽연합(EU)이 IPTV를 허가제가 아닌 신고제로 전환하는 등 각종 규제를 없앤 것도 성장에 한몫했다. 유럽에서 프랑스는 정부의 적극적인 지원과 저렴한 가격, 경쟁 플랫폼과의 차별화, 초고속 인터넷 및 유선전화 번들 서비스 등에 힘입어 세계적인 'IPTV 강국'으로 떠오르고 있다. 아시아 지역에서는 홍콩의 약진이 돋보이는 반면, 중국은 초고속 인터넷과 디지털방송의 양적인 성장에도 불구하고 IPTV가 어려움을 겪고 있다. 오랜 시간 방송시장을 장악한 케이블 업계의 견제와 함께 지방 정부의 차별이 주된 원인이다.

1) 프랑스 IPTV

유럽에서 IPTV를 가장 먼저 서비스한 것은 이탈리아의 '패스트웹(fastweb)'이지만 프랑스에서 비로소 황금기를 맞았다. 프랑스의 IPTV 가입자는 400만 명을 넘어섰다.

프랑스 IPTV 시장은 해마다 배로 성장하면서 뉴미디어 시장을 키우고 있

다. 라이트리딩닷컴(Lightreading.com)이 선정한 '글로벌 TOP 10 IPTV 사업
자' 중에서 프랑스는 10위권에 무려 3개의 사업자가 있다. 프랑스 '일리아
드(프리)'가 가입자 217만 명을 확보, 1위에 올라 있으며, '프랑스텔레콤'(97
만 5,000명)이 2위, '뇌프 세게텔(Neuf Cegetel)'(60만 명)이 4위를 기록했다.

<표 4> 세계 IPTV 가입자 수 TOP10

순위	사업자	국가	가입자(명)	인터넷 인구(명)	포화율(%)
1	프리텔레콤	프랑스	217만	277만	78.4
2	프랑스텔레콤	프랑스	98만	690만	14.1
3	PCCW	홍콩	82만	118만	69.3
4	네프세게텔	프랑스	60만	312만	19.2
5	텔레포니카	스페인	47만	434만	10.8
6	청화텔레콤	대만	36만	407만	8.8
7	차이나텔레콤	중국	31만	3,510만	0.9
8	벨기콤	벨기에	25만	120만	20.8
9	텔리아소네라	스웨덴	22만	103만	21.5
10	패스트웹	이탈리아	17만	125만	13.6

〈출처: Light Reading (2008.01)〉

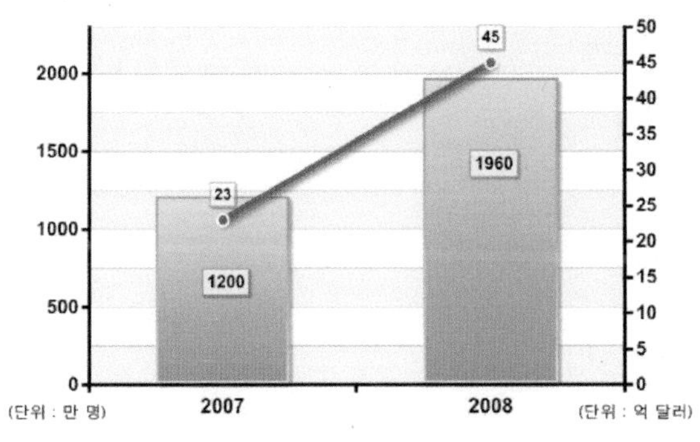

〈그림 7〉 2008년 IPTV 가입자 수 및 매출전망

    프랑스가 다른 나라보다 IPTV가 활성화된 이유는 스포츠 등과 같은 매력적
인 콘텐츠의 공급이 활발하고 기간망 사업자의 망 임대가 저렴하기 때문이다.
    콘텐츠의 경우, 콘텐츠 판권을 보유한 회사가 프로축구 등 고급 콘텐츠를

공급함으로써 시청자들의 만족도를 높였다. 또한 프랑스 기간망 사업자인 프랑스텔레콤이 '일리아드'나 '뇌프 세게텔' 등에 싼값에 망을 임대, 사업자 간 경쟁 확대로 인한 저렴한 가격이 시장을 키웠다. 프랑스 1위 사업자인 일리아드의 '프리TV'는 월정액 29.99유로로에 초고속 인터넷과 인터넷 전화(VoIP), 그리고 IPTV 서비스를 제공한다. 보유 채널은 200개가 넘고, 유료 방송사업자인 카넬 플러스로부터 2,500여 개의 동영상을 확보하는 등 콘텐츠를 꾸준히 늘리고 있다.

프랑스 3대 IPTV 사업자인 뇌프 세게텔은 스포츠, 정보, 음악 등 다양한 콘텐츠와 함께 월 40달러면 초고속 통신과 인터넷 전화, 실시간 TV를 동시에 즐길 수 있으며, 2~11유로를 추가하면 VOD 서비스도 이용할 수 있다.

2) 미국 IPTV

전통적으로 케이블 TV 시장이 강세를 보임에 따라 미국은 IPTV 분야에서 유럽에 수년은 뒤졌다. 2005년과 2006년 각각 IPTV 서비스를 공급하기 시작한 버라이즌과 AT&T가 본격적인 시장 활성화에 나섰다. 미국 IPTV 서비스 매출은 2007년 6억 9,400만 달러에서 2012년 140억 달러에 이를 전망이다(스트레지티 어낼리스틱스).

미국 IPTV 서비스의 가장 큰 매력은 할리우드의 막강한 콘텐츠와 결합했다는 것이다. 버라이즌의 '파이오스(FiOS) TV'는 2005년 미국 텍사스 주 켈러에서 첫 IPTV 서비스를 제공하기 시작, 현재는 가입자가 60만 명을 넘었다. 현재 워싱턴DC 등에서는 자체방송을 제작해 서비스하는 로컬 채널까지 나오고 있다. 버라이즌은 2010년 IPTV 가입가구 1,800만을 목표로 하고 있다.

파이오스 TV는 400여 채널에서 8,000여 가지 콘텐츠를 공급하고 있으며, HD 채널을 150여 개, HD 영화를 1,000여 편으로 늘릴 계획이다.

AT&T는 2006년부터 주요 도시에서 'U - 버스(verse)' IPTV 서비스를 제공하기 시작했다. U - 버스는 고화질 동영상 등 고품질의 콘텐츠를 다량 확보해 케이블 TV보다 볼거리가 많다. 2007년 말 가입자는 12만여 명에 불과하지만 2010년 3,000만 가구 확보를 목표로 하고 있다. 고화질(HD) 프로그램은 24시간, 일반 콘텐트는 120시간 분량을 저장해 원하는 시간에 감상할 수 있다.

지상파 및 케이블 TV가 프로그램을 디지털로 전환하면 IPTV 산업은 더욱 탄력을 받을 전망이다.

3) 일본 IPTV

일본 통신사업자 KDDI는 2003년 10월 '&히카리플러스'를, 같은 해 12월에는 '히카리플러스TV'를 개시했다. 히카리(光)플러스는 초고속 광섬유(FTTH)를 끌어들여 전화 · 인터넷 · TV의 3가지가 이용가능한 서비스이다.

<표 5> 일본 히카리 플러스TV 요금

월 이용료			
	히카리플러스넷	히카리플러스전화	히카리플러스TV
단품요금	4,095엔	2,079엔	단품으로 제공하지 않음
세트요금	히카리플러스넷＋히카리플러스전화		4,777엔
	히카리플러스전화＋히카리플러스TV		5,124엔
	히카리플러스넷＋히카리플러스TV		6,615엔
	히카리플러스넷＋히카리플러스전화＋히키리플러스TV		7,297엔
일시금			
초기비용	2004년 9월까지 무료 (이후 17,850엔)		
등록료 (세트요금 신청 시 3,150엔)	3.150엔	3.150엔	3.150엔

출처: KDDI

IPTV 시장 활성화를 위해 분주하게 움직이는 미국과 달리 일본은 느긋한 편이다. 2002년 BBTV라는 IPTV가 소개되는 등 시작은 빨랐지만 뒷심을 발휘하는 데 실패했다. 일본 IPTV 사업자는 소프트뱅크의 BBTV, KDDI의 히카리플러스TV, NTT의 4th 미디어, 아크도비 온 - 디맨드(ON - Demand) TV 모두 4개로, 총 이용자가 30만 명에 불과하다.

일본의 IPTV 시장이 주춤한 이유는 통신사업자 중심의 동영상 인코딩 프로그램인 'IPSP' 방식과 소니·마쓰시타 등 가전업계 중심의 '아쿠토비라' 방식으로 기술이 양분돼 있기 때문이다. 케이블 TV가 활성화돼 있어서 방송국과 채널 수가 많은 반면 IPTV만의 차별화된 콘텐츠가 부족하다는 것도 장애이다.

4) 홍콩 IPTV

홍콩의 디지털 전환은 독점사업자인 I Cable사에 의해 전체 시장의 64%에 해당하는 70만 디지털 서비스 가입자를 확보하고 있어 비교적 빠른 디지털 전환을 보이고 있다. 방송서비스는 월 28달러이며 인터넷 서비스는 18달러다. ISP서비스의 경우 가격 경쟁으로 인해 월 매출액이 감소 추세이다. I Cable사의 디지털케이블 TV 서비스는 하모닉사의 헤드엔드와 나그라비전의 CAS를 사용하며, 미들웨어를 사용하지 않고 셋톱박스 자체의 펌웨어를 사용해 제공되고 있다. 이는 내장형 카스를 사용하는 것으로 최소 사양만으로 약 70달러 선의 저가형 셋톱박스에 의해 제공되고 있다. VoIP서비스를 위한 시스템도 구축돼 있어 TPS(video, voice, data)도 가능한 상황이다.

Cable사와 IPTV 서비스를 통해 경쟁에 들어간 홍콩의 통신사업자 PCCW사가 제공하는 초고속인터넷서비스에는 75만 정도다. 이 가입자를 근간으로 2003년 9월 유료 TV 서비스를 시작한 PCCW사는 개시 1년 만에 36만 가입가구를 확보하는 성과를 올렸다. 즉 유선통신사업자인 PCCW가 인터넷서비스를 제공하고, 인터넷서비스 이용자에게 특화서비스로 Now Broadband TV 서비스를 제공하는 형태로 이뤄지고 있다. PCCW는 자사 브로드밴드 가입자를 IPTV 주요 고객으로 전환하여 DSL서비스 가입자에게 부가서비스를 주는 전략을 구사해 성과를 올리고 있다. 마찬가지로 콘텐츠에 집중하고 있지만 케이블 TV가 주요 콘텐츠를 공급하고 있는 상황에서 독자 콘텐츠는 포기하고 고급 콘텐츠 유치에 중점을 두고 있다. 서비스 마케팅에 있어서도 버스 신문 옥외광고 등을 총동원한 전 방위적인 마케팅을 펼치고 있는데 PCCW사 명칭 노출 없이 서비스 회사인 Now Multimedia와 ISP서비스만을 강조하고 있다.

홍콩에서의 킬러 콘텐츠는 스포츠로 ESPN과 Star Sports가 주 핵심으로, 이것이 NOW Broadband TV 서비스의 주 성공요인이라고 분석하고 있다. 셋톱박스 가격도 현재 100달러 이하 수준으로 DVD 장착형, 독립형, 미니형 3개 종류가 유통되고 있다. 국가나 국제표준과 무관하게 DVD Player를 기반으로 설계했으며, DVDP의 프로세서에 이용되지 않는 부분들을 활용, 원가 절감에 성공했다. 서비스에 필요한 기능(S/W)들은 전원이 켜져 있는 동안 자동 업그레이드된다. 빌링서비스도 선진화돼 인터넷에서 Web으로 접속해서 체크가 가능하다. PCCW사는 향후 VOD 서비스를 제공할 계획을 세우고 있으며, 양방향 서비스를 위하여 Advanced 셋톱박스를 테스트하고 있다.

5) 영국 IPTV

2004년 10월 IPTV 서비스 시장에 진출하겠다고 발표한 BT는 2005년 3월 들어서는 각종 전시회 및 컨퍼런스에서 그 구체적인 전략을 조금씩 밝히고 있다.

런던에서 개최된 IPTV World Forum 강연회에서 BT 관계자는 BT는 브로드밴드가 방송산업과 경쟁할 것으로 생각하지 않으며 단지, 방송을 보완하는 역할을 하게 될 것으로 보고 있다. 영국에서는 Video Networks사가 HomeChoice라는 서비스를 통해 런던 지역의 유저에게 IPTV 서비스를 제공하고 있다.

다. 세계 양방향광고 시장

2010년에는 전 세계 양방향방송광고 시장이 약 4조 원 규모를 형성할 것으로 보인다. IPTV, 디지털케이블 TV 가입자의 증대 및 DMB 시장 활성화에 따라 국내의 양방향광고 시장은 2005년 530억 원을 시작으로 2009년에는 1조 4천억 규모로 성장할 것으로 예상된다.

〈표 6〉 세계 양방향광고 시장 규모

(단위: 백만)

연도	금액
2002	$ 2,616
2004	$ 13,865
2006	$ 19,137
2008	$ 27,728
2010	$ 36,648

출처: GoldMedia, 2005

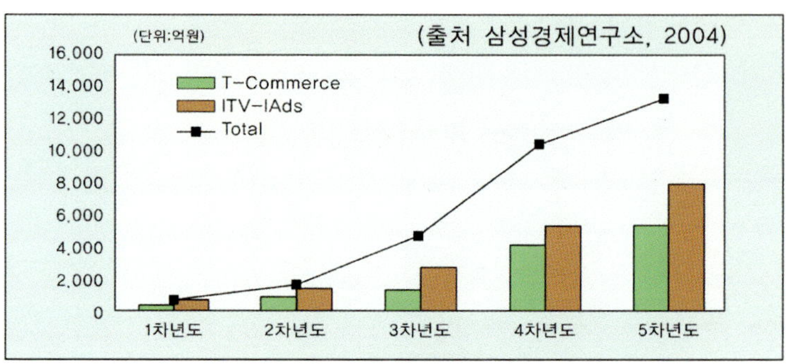

출처: 삼성경제연구소
〈그림 8〉 한국 양방향방송광고 시장 규모

디지털 양방향방송 서비스로 인한 수익은 단방향 방송광고 수익을 잠식해 들어갈 것이며, TV 화면으로 상호작용을 주고받는 시청자들로부터 새로운 수익을 창출해 낼 것이다.

프랑스 위성방송인 TPS는 2001년에 시청자의 10% 정도가 양방향 TV 광고를 검색한다고 보고했다. 1999년 한 해 동안 영국, 프랑스, 스페인은 약 4,000편에서 5,000편 남짓한 TV 광고물을 제작 반영하였지만, 2000년까지 합쳐도 세 나라의 양방향광고는 60여 편에 불과해 광고주들은 아직 양방향 TV 광고에 신중한 입장을 보이고 있는 것을 알 수 있다. 부정적인 광고주들은 투입비용대비 효과가 아직 검증되지 않았고, 실제 도입과정이 너무 낮설고 복잡하며 너무 기술지향적이어서 이 첨단기술을 뒷받침할 만한 마케팅 솔루션이 아직 성숙되어 있지 않다는 의견을 가지고 있다. 긍정적인 광고주들은 주로 상품의 브로슈어나 샘플을 배포하는 데에 양방향광고를 활용하고 있으며, 그 반응률이 기존 방식보다 3∼5배가 높은 것으로 보고 있다. 또 연령·성별·종교 등 타깃층의 성향을 파악하고 소비자와의 커뮤니케이션을 강화, 효과적인 브랜드 전략을 세우는 데 도움이 된다고 보고 있다.

유럽에서는 커뮤니케이션 네트워크 기술이 발달함에 따라 지상파 방송 사업자와 IPTV, 케이블과 위성, DMB 등 방송 플랫폼을 이용하는 사업자들 사이의 양방향광고 수주 경쟁이 치열해지고 있다. 2004년 유럽 시장의 양방향광고 수익이 110억 달러, T-Commerce 수입이 70억 달러에 달한다(Merrill Lynch, 2006).

무료 지상파방송이 지배적인 영향력을 가진 독일은 디지털방송이 크게 진전을 보이지 못하고 있는 반면, 영국은 E-Britania 계획의 일환으로 공격적 디지털방송정책을 구사했다. 영국은 위성과 케이블, 지상파까지 디지털 서비스를 하고 있다. 영국 디지털 양방향 TV 방송의 선두주자인 Sky Digital의 양방향 플랫폼사업자 Sky Active는 50여 개가 넘는 데이터 방송 채널을 보유하고 있으며, 그중 1/2이 T-Commerce와 직결되는 홈쇼핑 채널이다. 2000년 말 Sky Active(이전 Open Interactive)의 자체 집계에 따르면, 가입자의 13% 만이 홈쇼핑 데이터채널을 이용해 물품을 구매했으며 여행관련 패키지 상품이 구매 품목의 주종을 이루었다. 이는 기존의 아날로그 TV가 제공하는 텔리 텍스트 서비스와 아직 경합하는 과도기였던 탓으로, 그 후에 Sky Active에서 물품을 구입하는 가입자의 비중은 35%까지 늘어났다.

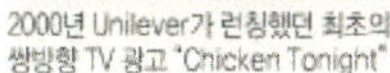

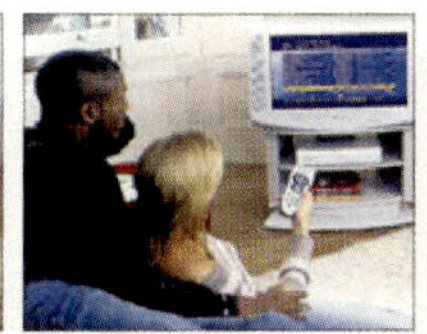
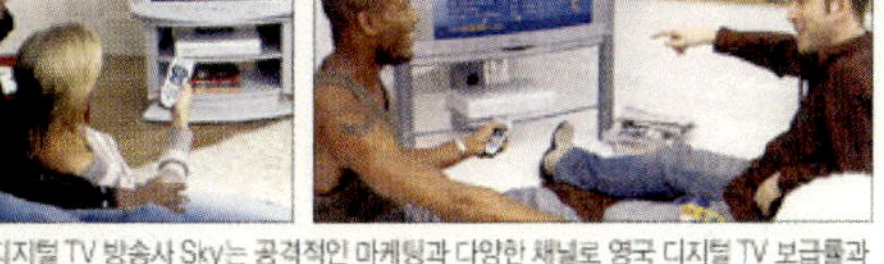

〈그림 9〉 유럽의 양방향광고 사례

영국의 경우 디지털 TV 플랫폼은 크게 3가지 형태로 나눠진다. 첫 번째는 '디지털지상파(Digital Terrestrial)'라고 불리는 공중파형 디지털 TV 방송인데, 프리뷰(Freeview) 같은 채널이 그 예이다. 이 경우 약 10만 원∼20만 원 성도의 프리뷰 컨버터라는 장비를 구입하여 일반 TV에 연결하면, 기존의 5개 일반 공중파 채널에서 30개 채널까지 확장하여 시청할 수 있다. BBC · ITV · SKY 같은 채널을 별도의 시청료 부담 없이 더 선명한 품질의 화면으로 볼 수 있다는 장점을 가지고 있는 것이다. 두 번째는 디지털케이블(Digital Cable)로 불리는 텔리웨스트(Telewest)나, NTL 같은 회사들이 공급하는 케이블 TV 형태의 디지털 플랫폼이다. 마지막으로 스카이 디지털(Sky Digital) 같은 회사의 '디지털 위성(Digital Satellite)'으로서, 위성 형태로 전파를 발사하는 디지털방송인데, 이는 가장 진보된 기술로서 광고주들이 쌍방향광고를 할 수 있는 유일한 플랫폼이기도 하다.

이 중 디지털방송광고를 활발하게 운용하고 있는 대표적인 방송사업자로서 위성방송 사업자인 BSkyB는 일찍이 지난 1999년 10월부터 디지털 양방향서비스인 '스카이 디지털'을 제공하기 시작했고, 지난 2000년부터는 양방향광고 서비스를 제공하고 있으며, 이 분야에서 성장세를 이어 가고 있다. 각종 서비스는 위성방송을 통해 각 가정에 제공되는데, 이용자는 리모컨으로 상품 주문 등도 할 수 있다. 주문한 내용은 전화회선을 통해 서비스 제공 사업자에게 송신되고 주문한 상품이 가정으로 배달된다. 이에 따라 TV 화면상에서 피자를 주문하거나 홈 쇼핑, 은행거래, 여행 예약, 각종 정보제공 서비스, 전자메일 등을 이용할 수 있다.

2006년 9월 8백만 가구의 가입자를 확보한 BskyB는 520여 개 양방향광고를 내보내고 있다. 영국의 주요 광고주 가운데 75%가 BskyB 양방향광고를 한 차례 이상 실시한 경험이 있고, 70% 정도는 양방향광고를 반복적으로 실시하고 있다. BskyB가 2008년 1월부터 9개월 동안 운영한 DAL(전용광고주 구역)의 광고 규모는 지난해 같은 기간의 3배에 달했다.

영국에는 현재 광고 기획 단계에서 양방향광고를 고려하는 광고회사가 늘었고, 양방향광고의 효과가 보이기 시작하는 등 양방향광고가 전환점을 맞고 있다. 양방향광고에 창조성을 가미하는 일이 풀어 가야 할 과제 중 하나이다. BskyB는 1등 상금으로 36만 유로를 내걸고 양방향광고 공모전인 '아웃 오브 더 박스(Out of the Box)'를 진행하기도 했다.

영국 내에서 쌍방향 TV 광고에 대해 응답하는 비율은 2003년 8월 이후 5%에서 2004년 초 16%로 3배 이상 증가했다(Continental Research사의 조사). 시청자들은 쌍방향 TV 광고가 가격 할인 프로모션 같은 인센티브를 얼마나 주는가에 따라 광고에 응답하고 싶은 마음이 달라진다고 응답했다. 가격 할인 쿠폰이나 공짜 샘플을 주는 광고일수록 광고에 대한 응답률도 높다. 2/3의 시청자는 아직까지도 이 양방향광고가 일반 광고에 비해 특별한 이익을 제공해 주지 않기 때문에, 인터랙션을 해야 할 필요성을 못 느낀다고 답했다.

현재 영국은 과반수 가정 이상이 디지털 TV를 시청하게 되자, 광고주들은 앞 다투어 양방향 TV 광고물들을 제작하기 시작했다. 아직 양방향 TV 광고가 초기 단계이긴 하지만, 광고주들은 풀 버전의 광고 영상이나 프로모션을 중심으로 시청자들에게 다가서고 있다. 시청자들도 관심 있는 광고들을 골라서 좀 더 깊이 몰입하며 양방향으로 광고주와 커뮤니케이션을 펼칠 수 있다. 시청자들이 엔터테인먼트를 즐기는 동안 광고주들은 소비자들에 관한 보다 정확한 정보를 얻을 수 있다.

영국에서도 양방향 TV 광고물들에 대한 효과 분석이나 데이터 자료, 케이스 스터디 자료들이 부족하여, 정확히 얼마만한 효과를 가져왔는지에 대한 연구 조사가 요구되고 있다.

디지털 TV의 보급과 함께 디지털 레코딩 장비도 보급, 확산되고 있다. 이 디지털 레코딩 장비는 시청자가 광고를 건너뛰면서(Skip) 볼 수 있는 위험성이 있어서, 양방향방송광고의 실제적 노출 효과에 대해 의문을 가지고 있는 이들이 많다. 그리고 일반 공중파 TV 광고와 비교하였을 때 특별한 차별성이 없고, 시청자들에게 인터랙티브라는 장점을 제공하지 못한다면 실제 양방향방송광고 효과는 미비할 것이라는 분석이다.

라. 미국의 양방향방송광고 시장

미국의 디지털 양방향 TV 관련기기의 보급률은 가파르게 올라가고 있다. 미국 가정 가운데 2005년 집계에 의하면 8,700만 가구가 양방향 프로그램

가이드를 쓰고 있으며, 6,500만 가구가 TV 화면과 상호작용하고, 5,300만 가구는 디지털방송 녹화기(Personal Video Recorder: PVR)를 이용하고 있다. 미국 디지털 TV 방송시장의 경우 유료 가입료에서 70억 달러, 마케팅 수수료 및 광고비에서 170억 달러 그리고 T-Commerce에서 230억 달러의 수익이 발생했다(전자신문 등 기사, 2007).

<표 7> 미국의 양방향 TV서비스 동향

구분	주요 출자 기업	특징 등
Web TV	Microsoft	- TV를 통한 인터넷 접속과 전자메일 송/수신 등의 양방향 서비스 이용 가능. - 캐나다와 일본에서도 서비스 제공 중.
Open TV	Sun Microsystems ACL Time Warner News GI Digitel Liberty	- TV에서 양방향 서비스를 제공할 수 있도록 하는 미들웨어 공급. - BskyB Canal Plus TPS의 양방향 서비스에서 채택.
Wink	Microsoft Toshiba GI DirecTV, GE Capital	- TV 프로그램과 광고방송에 연동한 양방향 서비스 제공을 위한 소프트웨어 제공. - 4대 네트워크와 케이블 네트워크 사업자, DirecTV, TV 東京 계열 등이 채택.
Liberate	Orade, Lucent Technology, ACL, Sun Microsystems	- TV와 게임기, FDA 등에서의 서비스 제공을 위한 소프트웨어 공급. - ALC의 양방향 TV 계획인 "AOL TV"에 소프트웨어 제공.

출처: 전자신문 등 기사 종합

마. 일본의 양방향방송광고 시장

2002년 말, 일본의 디지털방송은 BS디지털 위성방송의 출범 당시만 해도 한껏 부풀었던 업계의 기대에 훨씬 못 미치는 시장수요로 인해 고심 중이다. BS디지털 위성을 통해 방송이 7개 채널에서 서비스되고 있지만 인기 있는 채널은 유료 채널인데다가 오랜 불황으로 가입자 확산이 부진한 편이다. 현재 2003년 12월 지상파 디지털 본 방송이 예정되어 있는 서비스 지역을 도교 전역에서 도교 타워 주변으로 제한하자고 전문가들이 우려를 표명하는 상황이다.

일본 위성 디지털방송은 두 가지 숙제를 가지고 있다. 첫째, 디지털방송수신기의 가격이 지나치게 비싸다. 둘째, 흥미를 끌 만한 프로그램 콘텐츠가 없다.

일본 시청자들의 디지털방송 시청형태와 관련하여 광고회사 콘텐츠가 2001년 2월 28일 발표한 'BS 디지털위성방송에 대한 전국조사(2001년 1월 3일~21일 사이에 일본 전역의 12~69세의 남녀 1,897명을 대상으로 실시된 전화조사)'에 따르면, 아직 BS 디지털 위성방송을 시청하지 않고 있는 시청자들은 BS 디지털 위성방송에 어떤 양방향 서비스를 이용해 보고 싶냐는 질문에 대해서는 향후 BS 시청 희망자의 78.2%가 '프로그램 내에서 소개된 상품 및 장소의 자세한 정보'를 들었고, 그 외 상품이나 서비스에 대한 추가 자료 청구, 이벤트 행사의 티켓 구입, 홈쇼핑, 홈뱅킹 등을 꼽았다.

3. 해외 양방향방송 광고 사례

가. 영국의 양방향방송광고 구현사례

양방향 TV 광고에 적극적인 스카이 미디어사의 2002년 6월과 2003년 6월 동 기간의 양방향 매출을 비교해 보면, 2002년 6월이 1억 8,600만 파운드에서 2003년 6월이 2억 1,800만 파운드로 약 17.2%가 성장했다. 전체 시청자의 66%가 양방향방송광고를 보았다고 응답했으며, 이 중 49%는 추가적인 정보 탐색이나 구매를 위해서 '빨간색 버튼'을 누른 경험이 있다고 했다. 또 광고주들의 참여도 비교적 활발한 편이다. 위성방송인 스카이 디지털에 2000년 이후 지금까지 125개 광고주가 350개 이상의 광고 캠페인을 펼친 것으로 나타났다. 특히 2000년에 17개 캠페인에서 2001년 56개 캠페인, 2002년 149개 캠페인, 2003년 8월 현재 128개 캠페인으로 그 수가 지속적으로 증가하는 추세이다(Stroud, 2003).

양방향 TV 광고에 대한 시청자들의 반응도 호의적이다. 스카이 디지털 시청자들의 80%가 양방향 TV 광고에 대해서 '혁신적'이라고 평가하고 있으며, 역시 80%의 시청자가 정보를 얻는 데 '편리하다'고 응답하였다. 또

42%의 소비자는 양방향 TV 광고가 제품에 대한 '흥미'를 갖게 해 주며, 40%의 소비자는 '혜택'을 가져다준다고 평가했으며, 35%의 소비자는 '재미'있다고 응답하였다(이시훈, 2005). 영국이 성공적인 양방향 TV 광고 산업을 이끌고 있는 것은 디지털 TV의 보급이 상대적으로 높기 때문이다.

1) PlayJam

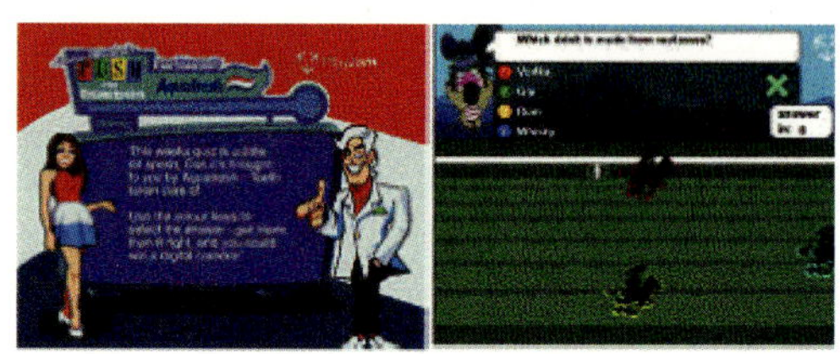

〈그림 10〉 Playjam의 게임화면

Static2358이 디지털방송 플랫폼에 개설한 양방향 엔터테인먼트 채널 PlayJam은 양방향 TV 비즈니스에 새로운 가능성을 열었다. 2000년 12월 SkyDigital의 채널 중 하나로 첫 출발한 PlayJam은 2001년 7월 현재, NTL Digital과 Telewest Active Digital에서도 무료로 이용할 수 있으며, 프랑스에서는 디지털 위성방송인 Canal＋와 TPS에서 채널을 운영 중이다. 영국과 프랑스에서 현재 이 양방향 게임채널의 이용자 수는 2백만 명을 넘어서고 있다. 이 채널에서 다루는 콘텐츠 메뉴에는 게임, 퍼즐, 퀴즈, Competitions 등이 있으며, 부담 없이 즐길 수 있는 가벼운 수준의 양방향 엔터테인먼트 콘텐츠들이다. 적극적으로 참여하는 시청자에게는 경품과 인센티브를 제공한다. 사용자 기술 환경에서는 Premium Rate Telephony(PRT)와 양방향 음성 인식(Interactive Voice Recognition) 시스템을 이용한 통합 반응 메커니즘이 활용된다.

영국에서 PlayJam은 Sky Sports One이나 MTV, E4 같은 채널들보다도 더 많은 시청자들을 끌어들였으며, 주 이용자 연령대는 십대에서 삼십대 사이이다. BARB에 따르면, PlayJam 고객의 이용패턴을 다음과 같이 요약할 수 있다.

－주당 500만 가구 이상 방문

- 각 가구당 주당 평균 이용 빈도는 3회

- 1회 방문 시 평균 이용시간은 30분

PlayJam은 무료제공 콘텐츠를 기본으로 하되 두 가지 수익모델을 추가로 개발했다. 하나는 프리미엄 콘텐츠를 유료로 제공하는 것이고, 다른 하나는 인기가 높은 양방향 게임 안에 PPL(Product Placement)을 도입하는 것이다. 유료콘텐츠는 TV에서 단순한 게임 이상의 것을 하고 싶어 하는 진지한 게임 이용자들이 있기에 가능하다. PPL은 소비자에게 경제적인 부담을 주지 않으면서 사업자의 수익을 증대하기 위한 노력의 일환이며, 시스템 특성상 PPL에 참여한 광고주에게 브랜드 인지도 개선을 입증할 만한 소비자로부터의 피드백 데이터베이스를 확보할 수 있었다. PPL 광고에 참여한 광고주들 가운데에는 다국적 제약회사인 Glaxo SmithKline을 주목할 만하다. 이 광고주는 PlayJam이 운영하는 게임화면에 수동적으로 자사광고물을 게시하는 차원을 넘어서서 아예 자사 제품의 홍보를 위한 신종 게임 개발을 PlayJam 측에 요구했다. Glaxo SmithKline의 치약 제품 Aquafresh의 브랜드 인지도를 높이기 위해 만들어진 이 게임은 이 채널에서 인기 있는 퀴즈 프로그램 'Push My Button'의 스폰서가 되었다. 아울러 Glaxo Smithline과 PlayJam은 Aquafresh 치약브랜드 상기도를 높여 주는 제품 캐릭터 '왕니(Great Teeth)'를 개발했다.

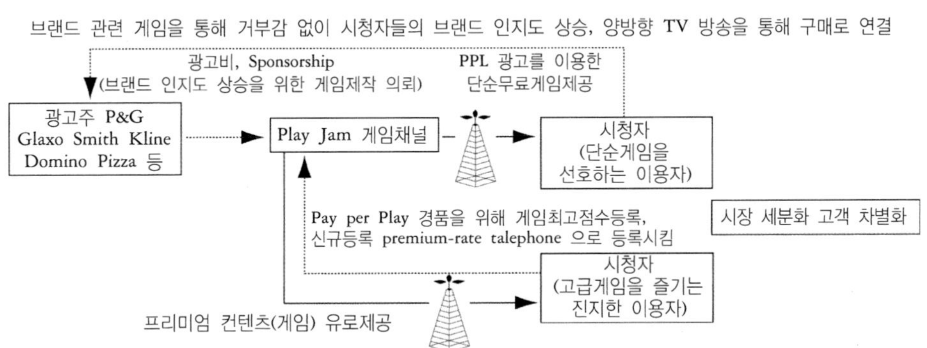

출처: 해외양방향TV 광고 현황

〈**그림 11**〉 양방향방송광고 비즈니스 모델

2) 혼다 양방향방송광고 구현사례

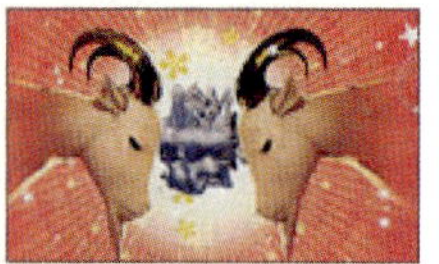

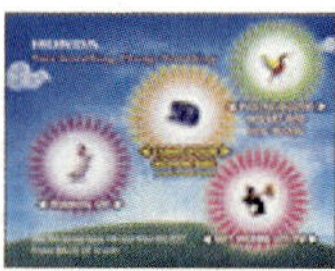

〈그림 12〉 혼다 양방향방송광고 구현사례

혼다의 '디젤 엔진 캠페인(Hate something, change something)'은 Zip TV라는 에이전시가 광고를 제작했다. 'Grrr'라는, 디젤 엔진 특유의 소리를 주제로 하여, 혼다의 디젤 엔진 창조에 얽힌 숨은 스토리를 보여 준다. 토끼·꽃·무지개 등 3차원 애니메이션을 사용하여 디젤 엔진 특유의 잡음을 혼다의 기술력으로 커버한다는 내용을 담고 있다. 이 광고는 또 시청자와 양방향 교감을 극대화하기 위해 기존의 1/4 화면의 디지털 TV 광고가 아닌 풀 화면을 사용했다.

아직 혼다의 새로운 엔진이 혼다 어코드(Accord) 외의 대부분 모델에는 탑재되지 않아 양방향 TV 광고의 효과를 측정한다는 것이 불가능할지도 모르지만, 혼다 측은 이번 캠페인을 통해 7,000여 명에 달하는 영국 소비자들의 주소와 프로파일을 얻었다고 발표했다. 또 혼다 콜센터로의 문의가 캠페인 이전과 비해 2배 이상 증가했으며, 프로모션 패키지 주문만 하더라도 2만여 건이 넘었다. 그리고 양방향 TV 광고 캠페인 후광 효과로 온라인 사이트 역시 트래픽이 30% 이상 증가했고, 2만 7,000여 명 이상의 사람들이 관련 광고 자료를 다운로드했다. 자체 특유의 재미있는 효과음으로 인해, 휴대폰 전화벨 소리 다운로드 수가 3,000여 건에 이르렀다.

한편 혼다의 또 다른 캠페인인 'IMA'에서는 자사의 하이브리드 엔진 기술력을 소비자가 이해할 수 있도록 양방향광고에서 '도움말책(Book of Help)'이라는 페이지를 마련, 하이브리드 엔진에 에너지 절약 기술이 숨겨져 있다는 것을 애니메이션과 함께 소비자가 쉽게 이해하도록 하고 있다.

3) 킷캣 양방향방송광고 구현사례

〈그림 13〉 킷캣의 양방향방송광고

'킷캣(KitKat)' 초콜릿의 경우 신제품 출시 광고를 청소년층에 맞는 게임 형태로 진행한 결과 29만 7,398명이 최소 1분 이상 게임을 즐겼고, 같은 게임을 온라인에서 선보였을 때보다 43배나 많은 사람이 참가했다. 참여자의 평균 광고 이용시간은 13분으로 집계됐다. 아울러 이벤트 참가자는 비참가자에 비해 킷캣을 '새롭고(Innovative) 좋은(Good Quality)' 이미지로 기억했다는 조사 결과를 비공식적으로 밝혔다. 아울러 이벤트 참가자는 비참가자에 비해 킷캣을 '새롭고(Innovative) 좋은(Good Quality)' 이미지로 기억했다는 조사 결과를 비공식적으로 밝혔다. 게임이라는 형태를 통하여 10대~20대 젊은 층에게 큰 반응을 얻은 케이스이다. 기존 광고가 '15초'라는 제약이 있다는 것을 생각하면 10분이란 시간 동안 광고게임을 했다는 것은 광고에 대한 고정관념을 바꿀 만한 결과이다.

4) 아디다스 양방향방송광고 구현사례

〈그림 14〉 아디다스
양방향방송광고와 영화 흰곰의
양방향방송광고

아디다스(Adidas)는 양방향 TV 광고물 안에서 축구 스타 데이비드 베컴과 럭비 스타 조니 윌킨슨이 대화를 나누는 5분짜리 동영상을 보여 주었다. 캠페인 특성상 두 스포츠 스타가 격의 없이 나누는 대화가 주된 내용이었는데, 30초 동안의 일반 TV 광고물에서는 두 유명한 스타들의 대화 내용을 전부 듣기는 불가능하지만 양방향 TV 광고에서는 풀 버전 광고 영상을 원하는 시청자들에게 모두 다 보여 줄 수 있어 시청자와 광고주 모두를 만족시켰다.

5) 애니메이션 영화 '흰곰(Polar Bear)'

워너 브라더스도 애니메이션 영화 '흰곰(Polar Bear)'을 양방향 TV 광고물로 홍보하였다. 시청자들은 광고를 시청하는 도중에 붉은색 버튼을 눌러 현재 영화가 상영되는 극장에 대한 정보와 관람료, 시간대 같은 정보들을 한 번에 얻을 수 있어 실제 극장의 방문으로 직접 구매와 이어지게 하는 효과를 가져왔다.

6) BMW 양방향방송광고 구현사례

〈그림 15〉 BMW
양방향방송광고

BMW는 자사의 '1 Series' 모델 라인을 런칭하면서 100만 파운드의 마케팅 비용을 책정하고 '오직 하나(The only one)' 캠페인을 선보였다. 이 양방향 TV 광고는 2004년 6월부터 방영되었는데, 30초짜리 일반 공중파용 영상과 60초짜리 극장용이 따로 제작되었다. 각기 다른 3개의 캠페인(Arena, Elle Decoration, Red)을 런칭하면서 각각의 캠페인은 차량의 내구성, 응답성, 후륜 구동 성능을 선보였다.

양방향 TV 광고물에서는 시청자가 마치 DVD를 시청하는 것처럼 편리한 인터페이스의 메뉴 옵션을 선택하며, 60초짜리 극장용 동영상을 안방에서 시청할 수 있고, 광고 제작과정 동영상과 풀 버전의 사운드 트랙(Prodigy)도

감상할 수 있다. 특히 양방향 TV 광고와 온라인 캠페인 등은 밈(Meme)이라
는 에이전시에서 일관성 있게 집행했으므로 온라인과 양방향 TV 광고물 등
에서 배너 등이 일관성 있게 표현되었다.

7) 도미노 피자

〈그림 16〉 도미노 피자 양방향광고

　　양방향광고에서 성공한 광고주 가운데 하나가 도미노 피자(Domino's pizza)
이다. 이 회사는 영국 내 전체 매출의 3%를 양방향 TV 광고에서 올리고 있
다. 특히 양방향방송광고를 통한 주문 금액은 전화주문 때보다 35% 정도 높
고, 주문자의 21%가 도미노 피자를 처음으로 접하는 고객이다.
　　양방향방송광고를 통한 매출 시장이 전체적으로 약 27%에 이른다. 도미
노 피자는 프랑스에서도 인터랙티브 TV를 활용하였는데 디지털방송 시청자

의 75% 이상이 도미노 피자의 인터랙티브 광고에 접속해 본 경험을 지니고 있다. 도미노 피자의 사례는 TV를 단순히 커머셜을 방영하는 매체 정도로만 생각했던 광고주들에게 다양한 상호 커뮤니케이션이 가능한 뉴미디어로서 새로이 자리매김하게 해 주었다. 영국에서는 도미노 피자 판매의 3%가 양방향 TV를 통해서 판매되고 있으며, 양방향 매출의 75%는 양방향 TV에서, 나머지 25%는 인터넷에서 얻는다. 또 양방향 TV를 통한 주문은 전화주문보다 건당 약 35% 증가된 주문액을 보이고 있으며, 그중 21%는 처음으로 도미노 피자를 주문하는 고객이다. 결국 도미노 피자의 양방향광고가 매출의 약 27%를 신장시키고 있다(Brodin, Barwiese& Canto, 2002).

8) 스폰서십 사례

2003년 2월 P&G의 감자 스낵 브랜드 프링글스(Pringles)는 British Award에서 이 방식을 이용하여 16~34세까지의 타깃 시청자들에게 효과적인 마케팅을 펼쳤다. 디지털 TV 시청자들은 시상식과 관련된 모든 정보를 실시간으로 얻을 수 있으며, 관련 신문기사 자료도 읽을 수 있다. 그리고 300만 원 상당의 주크박스 상품이 걸려 있는 추첨 행사에 버튼 하나로 응모할 수 있다. 이 스폰서십은 프링글스 제품 포장에 고지된 '프링글스 인기 투표(Pringles Popularity Poll)'와 관련하여 과거 수상자들 중 가장 선호하는 사람에게 투표하는 코너를 방송이나 광고 중에 마련함으로써 마케팅 효과를 극대화한 것이다. 그 외 HSBC도 골프 경기와 스폰서십을 맺어 광고 중간에 적극적으로 시청자가 이벤트에 참여하도록 유도하고 있다.

여기서 더 나아가 영국의 대표적인 소매업체(Retailers)들은 자사 브랜드 채널을 디지털 TV와 더불어 런칭하고 있다. 예를 들어, 여행상품 공급 업체인 토머스 쿡(Thomas Cook)은 자사의 여행 채널을 직접 운영하고 있다. 한 해에 운영비만 20억 원 이상 드는 가장 많은 투자가 요구되는 방법이지만, 영국 업체들 사이에서는 앞으로 쌍방향 TV 시청자들이 늘어나는 것을 고려할 때 지금이 시장 선점에 가장 좋은 적기라고 생각하고 있다.

여성들의 쌍방향 TV 광고물에 대한 관심도 및 참여도가 높았다.

혼다 쌍방향 TV 광고 시리즈의 서막을 알려주었던 "cog" 캠페인

HSBC는 골프 이벤트에 스폰서십으로 참여하며, 게임 중간 쌍방향 TV 광고를 내보내 그 브랜드 가치를 향상시켰다.

〈그림 17〉 스폰서십 구현사례

영국의 위성방송 회사인 BSkyB사는 양방향 서비스를 별도의 회사인 Open에서 대행하고 있다. BSkyB는 시청자가 피드백할 수 있는 BT의 전화선과 인공위성을 이용하여 양방향 서비스를 제공하고 있다. 디지털 위성방송 가입자 180만 가구 중 약 20만 가구가 Open 서비스를 이용하고 있으며, 가입자의 41%가 Open이라는 서비스명을 인지하고 있는 것으로 나타났다.

구체적인 효과로는 Open 사용가능 가구의 46%가 1주일에 1회 이상 서비스를 이용하고 있으며, 가입자 평균 월 7회 정도 서비스를 이용하고, 한번 양방향 서비스에 접속 시 평균 17분간 이용하는 것으로 나타났다. 2000년 6월 한 달 동안의 사용가구 누계는 160만 가구이며, 전체 가입자 가구의 11%가 Open을 통한 물품구매 경험이 있고, 또 그 중 35%는 재 구매를 하는 것으로 나타났다.

Open 서비스는 T-Commerce와 T-mail 부분에서 강점을 지니고 있다. 게임과 장난감 그리고 CD 등의 음반 판매에서 월등한 매출을 TV를 통해 얻고 있으며, 피자 주문, 티켓 판매 등에서도 성과를 올리고 있다. 또 T-maill 등록자가 100만 명에 이르며, Open은 영국 내 5위의 이메일 서비스 사업자로 부상하고 있다.

나. 프랑스의 양방향방송광고

프랑스는 1996년 4월 디지털 위성방송 사업자인 Canal Satelite가 세계 최초로 디지털 위성방송을 24개 채널로 처음 시작했다.

프랑스 디지털 위성방송 사업자에는 TPS와 Canal Satelite가 있다. 양방향

서비스는 디지털 위성방송 사업자인 TPS가 활발하게 운영하고 있다. 두 위성방송 사업자는 연동형 서비스로 경마 배팅 서비스와 게임서비스, 음악 등을 콘텐츠에 연동하여 제공하고 있으며, 독립형 서비스로는 홈뱅킹, 홈쇼핑, EPG, PPV 등 다양한 양방향 서비스를 제공한다.

2001년 110만 가입자를 확보하고 있는 TPS는 가입자의 90% 이상이 양방향 서비스를 정기적으로 이용하고 있다. 양방향 서비스 이용 수익도 5억 2,550만 프랑에 달할 정도이다. 또한 TPS의 조사발표에 따르면, 시청자의 80%가 양방향광고를 이용한 것으로 나타났다. 이것은 새로운 양방향 서비스에 대한 시청자의 높은 관심이 반영된 결과다. 또 양방향광고를 보고 주문을 하는 양은 1주일 평균 10,000건 이상으로 보고되고 있으며, 점차 주문 건수가 증가하는 추세다. TPS 시청자들의 80%가 EPG와 날씨정보를 정기적으로 이용하고 있고, 은행 업무를 TV Banking을 통해 하는 시청자가 30% 이상으로 나타나고 있다.

출처: Canal Satelite

〈그림 18〉 Audi 양방향광고

한편 경쟁사인 Canal Satelite도 T-Commerce 매출규모가 7.5억 프랑(1억 700만 불)이었으며 2001년에는 8억 프랑(1억 1,400만 불)이었던 것으로 추정된다.

가장 인기 있는 것은 Forum Boutique라는 브랜드 홈쇼핑 서비스인데 가입자의 15%가량이 방문하여 하루 평균 100회가량 주문이 이루어진다. 양방향광고는 Audi, Vivendi, Buitoni 등 25개의 캠페인이 이뤄지고 있는데 연간 1,500만 프랑에서 2,000만 프랑(230만~310만 달러)을 투자하고 있다.

프랑스의 양방향 TV 광고는 디지털 위성방송 사업자인 Canal Satellite와 TPS에서 실시하고 있다. Canal Satellite는 20만 가구의 가입자를 확보하고 있으며, TPS는 1996년 방송을 시작하여 2002년 110만 가구의 가입자를 보유하고 있다. TPS는 EPG, 기상정보, 홈뱅킹, 금융정보, 영화정보, 정보게임판매, 광고정보, 스포츠정보, 시청 만족도 조사채널, 스포츠 게임, 상품카탈로그 채널 등 2002년 7월 총 50여 개의 서비스를 제공하고 있다. 또 각 채널별 만족도가 10점 만점에 7.3점~8.1점 수준으로 시청자는 매우 만족하고 있는 수준이다.

양방향 서비스에 대한 이용자 조사결과, TPS는 가입자의 91%가 최소한 1회 이상 양방향 서비스를 이용했으며, 시청자의 80%가 양방향 TV 광고를 이용한 것으로 나타나고 있다. 양방향 TV 광고를 보고 주문을 하는 양은 1주일 평균 10,000건 이상으로 보고되고 있으며, 점차 주문 건수가 증가하는 추세이다. TPS의 양방향광고 참여 광고주 수의 변화를 살펴보면, 1997년 양방향 TV 광고를 이용하는 광고주가 2개사에 불과했지만, 1998년 5개사, 1999년 15개사, 2000년 30개사, 2002년 50개사로 점차 광고주가 증가하고 있는 추세다. 그러나 프랑스인 대다수가 아날로그 방송을 시청하고 있는 것으로 나타나 아직까지 디지털방송에 대한 인식이 부족하다.

다. 미국 양방향방송광고

〈그림 19〉 미국의 **PBS** 양방향방송광고

미국에서 양방향방송 서비스가 새로운 서비스 제공 수단은 물론 수입원으로서 주목을 받고 있다. TV를 네트워크에 접속하여 양방향 기능을 부여함으로써 기존 TV 프로그램과 광고방송 등을 인터넷과 연계하여 프로그램이나 광고방송 관련 정보를 제공하는 등 부가가치를 높일 수 있다.

TV는 거의 모든 가정에 보급되어 있으므로 여기에 네트워크 액세스 기능을 탑재하게 되면 광고 시장 등은 크게 확대될 것으로 기대되고 있다. 이에 따라, 지상파 방송 사업자뿐만 아니라 케이블 사업자와 위성방송 사업자, 네트워크 관련 기업, 전자기기 메이커 등도 양방향 TV 서비스에 커다란 관심을 보이고 있다.

미국의 디지털 TV 방송을 통해 제공되는 양방향 서비스는 주로 PVR이나 VOD 그리고 프로그램 및 광고 연동형 데이터방송 서비스가 주종을 이루고 있다. 미국의 양방향방송광고의 선두주자는 Wink사이다. 미국의 Wink사는 아날로그 TV에서부터 데이터 서비스를 제공하였으며, 디지털케이블과 디지털 위성방송에서 현재 가장 활발하게 양방향 서비스와 광고를 제공하고 있다. Wink사의 양방향방송광고에 대한 평균 응답률은 9%로 나타났다(Wink, 2000). 미국의 대표적 업체인 Wink Communication은 미국의 메이저 케이블 방송사업자와 위성방송사업자인 Dish Network에 양방향방송 콘텐츠 솔루션을 제공하고 있다. Wink 서비스를 통해 시청자들은 CNN 방송으로 최근의 미국 뉴스와 세계뉴스, 스포츠, 경제, 날씨 등을 선택하여 볼 수 있다. 또한 시청자들은 한 경기를 보면서 동시에 다른 경기의 점수도 확인가능하고 광고를 보면서 카탈로그 주문이나 이벤트에 참가를 신청할 수 있다.

〈표 8〉 미국 방송사업자의 양방향 프로그램 개발 동향

구분	특징 등
PBS	- Frank Lloyd Whight: 영상과 함께 해설부분의 데이터 송신(수신 단말은 PC). - 화면상의 "멀티채널", "인터택티브"라는 마크를 선택하면 고화질 방송과 복수의 앰블, 상세 데이터 표지. - ZOBOOMAFOO: 금년 가을부터 양방향 서비스 방송 예정
NBC	- Twenty One: 게임 쇼, Web TV에 의해 TV를 시청하면서 다른 팬과 채팅을 즐길 수 있고, 상금이 걸린 게임에 참가할 수도 있다. - CNBC: 비즈니스 뉴스, Wink에 의해 주식상징 등의 정보를 입수할 수 있다. - Tonight Show: 토크 쇼, Wink를 답지한 STB에 의해 게스트의 경력과 다양한 정보, 퀴즈 등이 양방향으로 제공한다. - 기타: The Ryder Cup('99 가을, Wink), Notre Dane Footbell('99 가을, Web TV Plus Wink), Saturday Night Live('99 겨울, Web TV Plus)등.

출처: 신문 등의 기사종합

미국의 시장 조사 회사인 Forrester Research가 1999년 8월에 발표한 보고서에 따르면 미국의 양방향 TV 서비스는 2004년 광고에서 110억 달러, 전자상거래에서 70억 달러, 계약 사용요금에서 20억 달러의 수익을 올릴 수 있을 것으로 예상되고 있다. 3년 이내에 인터넷에 필적하는 광고매체로 성장할 것으로 기대된다. 양방향 TV의 유망한 어플리케이션 분야로서는 EPG(Electronic Program Guide), Enhanced Broadcast(양방향 기능을 갖춘 프로그램 등), TV 기반 인터넷 액세스 등이 있으며, 각기 다음과 같이 시장을 창출할 것으로 보고 있다. EPG는 2004년까지 5,500만 세대에 보급될 것이다. 5년 이내에 광고비로 32억 달러, 전자상거래로 11억 달러의 시장을 창출할 것이다. Enhanced Broadcast는 2004년까지 2,400만 세대에 보급되고, 2004년까지 광고비로 62억 달러, 전자상거래로 38억 달러의 시장을 창출할 것이다.

TV 기반 인터넷 액세스는 2004년까지 1,300만 세대에 보급되며, 시청자로부터의 계약사용요금, 광고비, 전자상거래 등에서 50억 달러의 시장을 창출할 것이다.

미국의 시장 조사 기관인 Jupiter Communications는, 미국 양방향 TV는 2003년에 약 3,000만 세대에 보급되어 100억 달러 규모의 시장을 창출할 것으로 예측하고 있다. 2002년 가을에 Wink사는 경영난과 기술의 시너지 효과를 위해서 경쟁사라고도 할 수 있는 Open TV에 피인수되었다. 또 포드, 닛산, 넥스텔, 질레트, 토요타, 퀘스트 등 50여 개의 광고주가 광고캠페인에 Wink의 양방향 기술을 활용하여 2002년 현재까지 25,000건의 광고를 실시하였으나 매체비 연동의 수입이 아니라 광고주에게 기술료 형태로 제작비를 받고 있기 때문에 수익이 크지 않은 사업으로 분류되고 있다(여송필, 2002).

최근 미디어 관련 연구조사 기관인 이마케터(eMarketer)가 조사해 발표한 미국의 광고 시장 점유율 변화를 살펴보면, 맞춤형 광고를 기반으로 한 온라인 광고는 지난 1999년 2%였던 시장 점유율이 2008년에는 9.3%로 가파른 증가를 예상한 반면, 케이블 광고의 시장 점유율은 1999년 6.1%에서 2008년에 9.7%로 전망했다.

미국에서 시청자의 시청형태와 소비행태를 고려한 맞춤형 광고 시장의 규모는 매년 증가하고 있으며, 2009년에는 약 15억 달러, 2010년에는 25억 달러, 그리고 2011년에는 약 38억 달러에 이를 것으로 전망되고 있다. 이러한 맞춤형 온라인 광고의 맹렬한 추격은 미국 전체 광고 시장 점유율에서 0.4% 차이로 앞서고 있는 케이블 업계를 위협하고 있다.

〈그림 20〉 코카콜라 양방향방송광고

사실 미국의 케이블 업계는 온라인 광고의 급속한 성장에 대응하기 위해 이미 지난해 9월 맞춤형 광고 플랫폼 개발을 포함한 기술 개발에 착수했다. 그동안 기술적인 한계로 인해 케이블 업계에는 다소 생소한 영역이었던 맞춤형 양방향방송광고가 가능하게 된 배경에는 케이블TV의 디지털화가 자리 잡고 있다. 미국 케이블 업계의 디지털화로 그동안 인터넷에서만 가능했던 쌍방향 커뮤니케이션이 케이블 TV에서도 가능해지면서 맞춤형 양방향광고를 할 수 있는 기반이 마련되었다.

미국 케이블 업계인 Comcast, Time Warner Cable, COX, Cablevision, Bright House 등 상위 6개 MSO들이 조인트 벤처인 Canoe Ventures를 설립했다.

일명 카누 프로젝트로 불리는 사업은 케이블 업계의 맞춤형 광고 플랫폼을 공동으로 만들고 제휴하기 위한 사업 모델이다. 이것은 최근 급성장 중인 인터넷 광고에 대한 대응책이다. TV 광고에 비해 인터넷 검색광고의 미래는 매우 밝고 지금까지 맞춤형 광고를 매체의 특성으로 광고주를 설득해 왔다.

디지털케이블의 등장으로 인터넷 광고 못지않은 양방향성과 맞춤형 광고를 할 수 있게 되었고 케이블업계가 연합으로 인터넷에 대항하기 위해 새로 운 광고 플랫폼의 출범을 선언하게 된 것이다.

맞춤형 광고 플랫폼 개발은 크게 4가지 방향으로 추진될 것으로 보인다.

첫째, 양방향광고 강화이다.

시청자가 광고를 시청하면서 광고하는 상품의 추가적인 정보를 볼 수 있 는 정도의 양방향은 기본이다.

둘째, 광고 타깃팅이다.

시청자의 시청행태와 각종 인구통계학적 자료를 분석하여 시청자별 최적 광고를 전송할 수 있다. 이를 위해 메타데이터의 표준화와 광고 삽입 프레 임워크 표준화를 도모하고 있다.

셋째, 디지털 광고 삽입 기술 강화이다.

넷째는 광고 모니터링 기능 강화이다.

구글은 광고시간의 인터넷 경매 방식 등 기존 구글 광고 플랫폼의 강점을 TV 시장으로 확장시키려 하고 있다(구글은 TV ADS 솔루션으로 소규모 지 역 케이블 회사와 제휴를 시작했다.).

MS는 케이블 맞춤형 광고 솔루션 회사인 Navic Networks를 2.3억 달러에 인수했다. Arris, Bigband 등 광고 삽입 솔루션 중 하나인 Navic은 케이블의 개인화 광고를 가능케 해 주는 솔루션으로 '카누'로서는 MS의 등장으로 구 글을 견제하는 하나의 카드로 활용할 수 있게 되었다.

앞으로 카누 조인트 벤처에서 개발하는 맞춤형 광고 플랫폼은 케이블 가입 자들이 서비스 가입 시 케이블 업체에 제공하는 가입자 신상정보와 케이블 TV 시청형태를 토대로 가입자들의 생활수준, 연령, 성별, 교육수준, 직업, 선호하는 프로그램 등을 분석해 가입자들의 기호에 맞는 제품이나 서비스를 집중적으로 광고할 수 있는 기능을 갖추게 될 것으로 예상되고 있다. 이와 함께, 카누 프로젝트의 맞춤형 광고 플랫폼을 통해 케이블 회사들은 어떤 광고를 누구에게 보낼 것인지를 통제할 수 있는 기능을 갖추게 될 것이고, 시청자들은 맞춤형 광고를 시청하는 도중 관심 있는 상품에 대한 더 자세한 정보를 리모컨을 이용해 요청할 수 있다.

라. 일본의 양방향방송광고

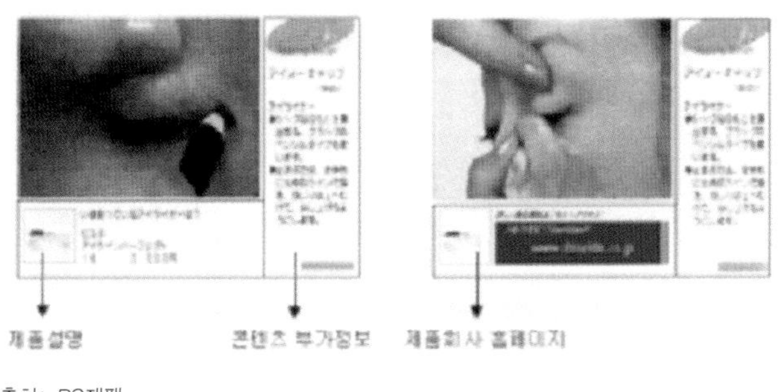

〈그림 21〉 일본의 양방향방송광고

　일본 최초의 디지털 TV 방송은 1996년 CS 방송 SKyperfect TV로 시작되었고 2000년 BS 디지털방송이 뒤이어 발전했다. 일본은 NHK와 위성방송을 중심으로 양방향 TV 서비스를 실시하고 있다. 서비스 형태에 따라 데이터방송을 방송프로그램의 부가서비스로 실시하는 사업자도 있고, 데이터방송만을 전용 서비스하는 사업자도 있다. 세부적인 구성을 보면 BS 디지털 위성방송의 경우 8개 사업자가 방송프로그램의 부가서비스로 데이터방송을 제공하고 있으며, 데이터방송 전용 사업자는 7개사이다. CS 디지털 위성방송은 18개 사업자 모두 부가서비스 형태로 데이터방송을 서비스하고 있다.

　현재 일본에서 양방향방송광고를 포함한 양방향 TV 서비스에 대한 평가는 그리 긍정적이지 않다. BS 디지털의 경우 대역폭이 작아 원활한 양방향 서비스 및 광고가 활성화되지 못하고 있다. 개국 초기 목표로 했던 '1,000일 1,000만 대'는 달성하기 어려울 것으로 예측되고 있다. 대부분의 데이터 방송 사업자가 회원 수를 밝히고 있지 않아 가입자 수를 알 수 없지만 디지털 위성방송 가입자의 5% 정도가 양방향 서비스를 수신하고 있는 것으로 추정되고 있다.

　한편, CS 디지털 위성방송은 셋탑 박스에 하드디스크 드라이브를 내장하여 제공하는 PVR(Personal Video Recorder) 사업에 치중하고 있다. 'EP(E - Platform)'

로 명명된 이 사업에는 마쓰시타, 히타치, 소니 등의 가전사가 적극적으로 참여하고 있으며, 하드드라이브의 절반은 시청자들의 녹화용으로 제공하고, 나머지절반에 양방향광고, 전자상거래 데이터 등을 저장하여 제공하는 '축적형 방송'을지향하고 있다.

일본은 아시아권에서는, 양방향광고가 가장 활성화되어 있다. 일본의 유력한 광고인모임 선전회의는 광고의 흐름을 변화시키는 중요한 요소로 '인터렉티브성'을 꼽았다. 종래의 'Push형' 매스미디어와 달리 소비자들에게 어떠한 액션이 필요한 인터넷과 같은 'Pull형' 미디어의 활약이 중요하다면서디지털 양방향방송광고의 비전을 연구해 왔다. 양방향 TV 광고에 적극적인관심을 보여 온 도요타 자동차는 일본 최초로 양방향 TV 광고를 정기적으로 시도했다. 1999년 7월부터 'TV 도쿄'의 IT 비전 방송을 통해 주말마다<드라이브 GO! GO!>에 쌍방향 방송광고를 내보내면서 프로그램 앞뒤 광고와 프로그램 내용에도 쌍방향 광고 메시지가 직접 링크되곤 했다. 도요타자동차는 광고가 진행되는 동안 그때마다 간단한 앙케이트까지 실시했다.광고화면에 표시된 "이 자동차에 관한 브로슈어를 받고 싶습니까?"와 같은질문에 대한 리모컨 응답결과는 분석을 거쳐 향후 마케팅 활동에서 다각도로 활용되었다.

프로그램 내용에 직접 링크된 연동형 양방향광고는 시청자가 원한다면 프로그램을 시청하다가 화면에 등장한 장소와 음악 그리고 자동차에 관한 상세한 정보를 인터랙티브하는 방식으로 받을 수 있다. 또한 "이 드라이브 코스를 달리고 싶습니까?"와 같은 간단한 앙케이트도 실시한다. 응답한 시청자에게는 선물이 제공된다.

일본의 BS 디지털 위성방송에서 방영된 아사히 쿠로나마 맥주 광고는 호감을 주는 크리에이티브를 보여 준다. 이 TV 광고는 구매 시 맥주와 같은기호식품에서도 소비자의 다양한 선호도 차이를 반영하는 쌍방향 메시지 구성이 가능함을 훌륭하게 입증해 보였다. 이 광고는 맥주 맛이 더 좋을 듯한장소와 안주를 취향껏 고르도록 유도하여 자연스럽게 브랜드 호감도를 높이고자 하였다. 소비자가 특정 지역을 선택하면 그 지역 고유의 구수한 사투

리가 섞여 크로나마 맥주 시음을 유도하는 웨이트리스의 질문이 뒤따르는
시나리오도 창의성과 기획력이라는 맥락에서 양방향광고의 특성을 잘 살린
훌륭한 실험작으로 평가받았다.

마. 홍콩의 양방향방송광고

아시아에서는 홍콩이 IPTV 시장을 가장 빨리 안착시킨 국가로 꼽힌다.
홍콩은 2003년 서비스를 개시한 이래 4년 만에 전체 유료방송 가입자의
34%를 확보, 케이블을 위협하는 수준이 됐다.

홍콩의 경우 광대역통신망이 일찍부터 자리 잡아 인프라 수준이 높다는
점 외에도 서비스 콘텐츠가 다양하다는 점을 특징으로 꼽을 수 있다.

IPTV의 장점인 양방향성을 극대화한 서비스도 많다. NOW TV는 티켓,
서적, DVD 등의 주문은 물론 레스토랑 예약이나 음식배달 등 어지간한 주
문을 모두 실시간으로 소화할 수 있다. NOW TV는 홍콩 최대 기관사업자
망으로 PCCW의 계열사이다.

시장조사 기관인 In-Stat은 "IPTV 사업을 위해 많은 자본이 지출됨에도
불구하고 홍콩 PCCW, 중국 중화텔레콤 같은 통신업체들은 인프라 구축 및
관련 설비 개발에 앞장서 세계적 차원의 혁신을 주도하는 중"이라고 분석했다.

바. 대만의 양방향방송광고

지상파 방송사들은 디지털화를 케이블과의 경쟁에서 이길 수 있는 최후이
자 최대의 기회로 보았다. 대만의 5개 지상파 방송사들은 다른 나라에서는
볼 수 없는 끈끈한 유대관계를 유지하면서 디지털화에 공동보조를 취해 왔
다. 방송사들은 연합체를 만들어 디지털방송 장비들을 공동시험하고 각 방
송사별로 역할을 나눠서 서로 중복되지 않는 투자를 하는 노력을 했다. 양

방향 서비스에 있어서도 지상파 방송사들은 MHP를 표준 기술로 선택해 공동으로 운영할 수 있는 시스템을 구입하고 돌아가면서 테스트를 하면서 협의했다. 우선 콘텐츠에 있어서 각 지상파 방송사들은 늘어난 채널을 통해 거의 모두가 24시간 뉴스채널을 늘렸다. 기존의 뉴스 제작능력을 조금 확장하면 곧바로 24시간 동안 제공되는 뉴스콘텐츠를 손쉽게 제작할 수 있기 때문이다. 그러나 이러한 중복적인 콘텐츠 제공은 디지털방송에 따른 지상파 방송의 차별화 전략이 시장에서 잘 받아들여지지 않는 원인이 되었다.

대표적 전화회사인 충화텔레콤은 IPTV를 2004년부터 현장에서 시험방송을 시작했다. MOD(Multimedia on Demand)라고 불리는 이 서비스는 IPTV 미들웨어 공급업체와 DRM(Digital Right Management) 공급자 등과 함께 프로젝트를 이끌어 가고 있는데 주로 VOD 서비스를 기반으로 비디오를 공급하고 있으며 가라오케 등의 양방향 서비스를 제공하고 있다. 하지만 비디오 인코딩 기술의 한계와 네트워크의 제한으로 말미암아 기존의 케이블 방송에 비해 뚜렷한 차이점을 내면서 성공적인 비즈니스 모델을 제시하고 있다고 보기는 힘들다. MOD 서비스를 통해 일반 지상파 텔레비전 채널뿐만 아니라 주문형 비디오 서비스에 기반을 둔 영화 등의 콘텐츠를 제공하고 있고 일부 양방향 서비스도 제공하고 있다.

사. 중국의 양방향방송광고

디지털방송이 발전은 했지만 아직은 활발하게 이루어지지 않고 있다. 중국 정부는 케이블 방송의 디지털화와 더불어 양방향 서비스를 위한 솔루션과 제한 수신 장치에도 국가적 표준을 제정하려고 시도했다.

중국의 광고 산업은 30년이 흘렀다. 2008년 베이징 올림픽이 열려 세계이목이 중국 광고 시장을 주목했다. 중국 광고는 성숙기에 접어들었고 광고 시장은 '분절화와 디지털화'가 핵심 키워드로 자리 잡았다. 또 새로운 뉴미디어의 출현, IT 기술 발전은 광고에 대한 소비자의 인식이나 태도의 변화와 더불어, 다원화된 소비자들에게 접근하는 다양한 광고 유형 개발로 이어져 광고 산업에 큰 발전을 가져다주었다.

뉴미디어가 기업 마케팅 활동에 중요한 수단이 될 것이며 2008 베이징 올림픽 이후, 중국 광고업은 네트워크와 데이터베이스의 기술로 인해 일방적인 집중 폭격식 전파 방법이 아닌 개개인별 니즈에 맞춘 쌍방향 수요 주체 존중 유인 모델로 대체하고, 미디어의 신구 융합으로 인해 미디어의 경계가 모호해질 것이며 국제자본의 유입으로 경영의 국내외 합류, 마케팅 관리의 다원 통괄 등 핵심 구동력은 분화에서 융합으로 가게 될 것이다.

아. 호주의 양방향방송광고

2002년 호주 정부는 MHP를 양방향방송 서비스를 위한 국가의 공식 기술 표준으로 정했지만 보급은 미약했다. 방송사들의 특정한 사유기술에 발목이 잡혀 엄청난 예산지출이 지속됨에도 방송사의 독립적인 위치 확보가 목표였기 때문이다. 하지만 정부 통제에서 벗어나 있는 케이블이나 위성을 기반으로 한 유료채널들은 MHP 대신에 사유기술을 사용하였는데 110만여 가입가구를 지녔던 팍스텔이 2003년 중순 사유기술의 하나인 Open TV를 선택했다.

2005년 6월 26일 TV 방송국인 팍스텔(Foxtel)은 처음으로 지난 2005년 4월부터 커먼웰스(Commonwealth) 은행과 도요타의 양방향광고를 12개 시리즈로 제공하고 했다. 커먼웰스 광고는 가계대출 정보를 안내하고 시청자가 리모컨으로 은행과의 상담예약을 하고, 더 많은 정보를 받을 수 있는 이메일을 입력하도록 하는 방식을 활용했다.

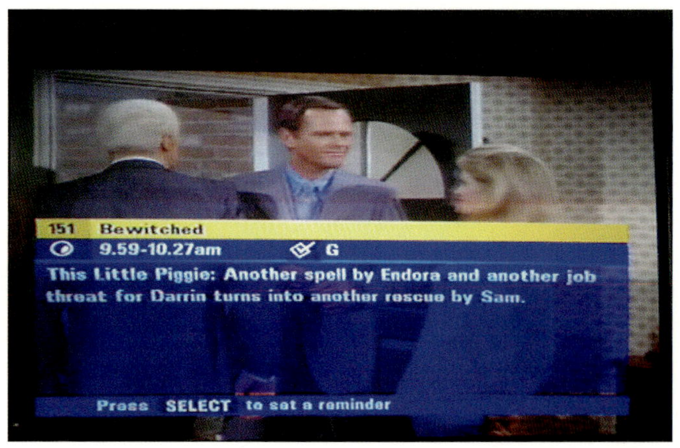

출처: 팍스텔
〈그림 22〉 호주 팍스텔(Foxtel)의 양방향광고

자. 뉴질랜드의 양 향 방송광고

뉴질랜드는 호주와 인접해 호주 방송 발전방향에 많은 영향을 받았다. 그러나 자체적 방송산업을 발전시켰고 호주와 다른 방송정책에 관심을 두고 있다. 양방향 서비스에 있어서 Open TV를 선택할 경우 영어로 된 애플리케이션을 쉽게 얻을 수는 있지만 국제적으로 널리 알려진 MHP를 국가 표준으로 하기 위해 노력을 했다. 위성과 지상파 방송을 하고 있는 TVNZ는 2005년 초 MHP 전시관을 만들어 뉴질랜드 방송관계자와 정책 결정자들이 직접 해 볼 수 있는 기회를 제공했다.

차. 인도의 양방향방송광고

인도는 영화 제작에 있어서 적어도 양적인 측면에서 볼 때 할리우드를 능가하고 있다. 많은 비디오 서비스 공급자들은 풍부한 콘텐츠를 이용해 VID 서비스를 계획했다. 방송환경은 지상파, 위성, 케이블 등 다양한 플랫폼으로 이루어져 있는데 공영방송인 Doordarshan이 오래전부터 디지털방송을 준비했지만 구체적 서비스 부족과 정부의 정책 지원 부족으로 계획대로 진행되지 못했다. 한편 가장 규모가 크고 인기 있는 방송망은 위성을 통해 로컬 뉴스, 드라마, 스포츠, 영화 등 수십 개 채널을 직접 공급하기도 하고 케이블을 통한 중계도 한다. 인도 최대 기업인 TATA 그룹 산하에 있는 인터넷 서비스 공급업체인 VSNL에서는 2004년부터 광통신망을 기반으로 한 IPTV를 준비했다. 케이블사가 존재하지만 가입자 수가 얼마인지 파악하지 못해 콘텐츠 공급자들의 불만이 높아 IPTV에 대해서는 긍정적인 전망이 대세이다. IPTV가 콘텐츠 공급자들이 선호할 수 있는 환경을 조성함으로써 많은 콘텐츠를 공급할 수 있을 것으로 기대했다. 또 점차 늘어나는 상류층이 IT에 노출됨에 따라 양방향적인 서비스가 방송서비스의 주된 형태를 띠고 있다. 기존 인터넷 서비스와 연결해 부가 서비스 형태로 선보이면 쉽게 가입자를 모을 수 있다.

4. 해외 양방향방송광고 정책

가. 디지털 TV 관련 정책

1) 미국

미국은 FCC를 중심으로 디지털시대 규제 완화와 공공이익의 추구를 기본적인 정책이념으로 내걸고, 디지털방송 및 양방향광고 정책을 추진하고 있다. 디지털방송 및 양방향광고의 활성화를 위하여 2007년 7월 1일까지 13인치 이상 텔레비전 수상기에 디지털튜너를 의무적으로 장착하도록 하였고, 2005년 7월 5일부터는 디지털방송 콘텐츠의 보호를 위해 Flag 표시제를 도입하였다. 미국통신산업연합(ATIS) 등 표준화 단체를 중심으로 유선인터넷과 2세대(G) 빛 3G 이동통신뿐만 아니라 무선 인터넷을 결합한 망을 중점적으로 검토하고 있다.

통방융합에 대한 진입규제와 관련해서 지난 1996년 새 통신법 제정을 통해 통신·방송·케이블 TV·신규미디어 등 모든 분야에서 진입규제를 철폐하는 흐름이다.

미국은 플랫폼사업자뿐 아니라, PVR과 같은 솔루션사업자들도 활발히 참여하고 있는 명실상부한 디지털방송 선도국가이다. 방송사별로 디렉 TV는 Sports scores, 날씨, 증권 등을 포함하여 다양한 데이터 서비스를 제공 중이고, Echostar는 스포츠, 뉴스, 날씨, 게임, 어린이를 위한 오락 및 교육서비스를, Cablevision은 개인사진 서비스, 이메일, 지역음식점 안내, 교통, 날씨, 카메라 앵글 선택, 뉴스 서비스를, Charter는 게임, 스포츠, 날씨, 경제정보, 건강에 관련한 서비스를 제공하고 있다. 향후 2006년까지 급격한 성장을 보여 높은 보급률과 함께 총수입이 55억 달러에 이를 것으로 전망된다.

2) 일본

광 네트워크 구축을 통하여 고품질 서비스(QoS) 제공 측면에 집중하고 있으며, 최근에는 전달망에 유·무선 통합을 포함한 IMS 도입을 진행 중이다. 1994년 방송법, 전파법 개정을 통해 디지털방송 활성화를 위한 제도를 마련하였고, 총무성을 중심으로 지속적으로 규제완화를 하면서 디지털방송의 활성화를 추진하고 있다. 향후 10년 이내에 약 200조 엔(1억 8,000만 달러)을 디지털 분야에 투자할 예정이고, 2011년까지 전국에 디지털화를 완료한다는 계획이다. 방송의 디지털화가 완료되면 양방향광고가 보다 활발해질 전망이다.

일본 통방융합에 대한 진입규제와 관련해서 종래의 엄격한 법체계를 개정, 양대 진영 사업자들 사이에 다양한 형태의 업무제휴·합병을 유도하고 있다.

일본의 IPTV 관련법은 '전기통신역무이용방송법'에 근간하고 있다. 특히 콘텐츠의 경우 IPTV로의 방송을 방송사업자가 동의하지 않고 있으며 콘텐츠 관련 저작권 범위가 방송에만 한정되어 있어 IPTV로의 방송이 불가하다. 특히 통신에서는 저작권 개념이 없어 IPTV로는 저작권에 문제가 있다는 것이 지적됐기 때문이다. 다만 개별 프로그램 하나하나는 저작권문제를 해결하고 IPTV로의 송출이 가능하다.

1996년 CS 위성인 Sky perfect TV에 의해 처음 실시된 일본의 디지털방송은 2011년까지 완전한 디지털 전환을 목표로 하고 있으며 현재에는 아날로그 방송과 디지털방송이 혼재되어 실시되고 있다. 더구나 CS 위성과 BS 위성을 통해 동시에 실시되고 있기 때문에 혼란스러운 양상으로 나타나고 있다. 일본의 디지털 양방향 TV 서비스 역시 CS 위성과 BS 위성을 통해 동시에 실시되고 있는데, BS 위성의 경우에는 디지털위성방송사업자 외에도 독립된 디지털 양방향 TV 서비스 사업자가 존재하여 서비스를 실시 중이다.

일본의 디지털 TV 보급가구 수는 2001년 말 현재 일본 가구의 약 10% 정도인 250만 가구인 것으로 나타나고 있지만, 이 수치는 케이블 TV를 통해 BS 디지털위성방송을 아날로그 신호로 전환하여 수신하는 140만 가구를 포함한 수치이다. 따라서 일본 텔레비전 방송 디지털화의 활성화는 지상파 방송의 디지털화가 이루어진 후에나 가능할 것으로 전망되고 있다. 이와 같은 이유로 대다수의 일본 디지털 양방향 TV 서비스 사업자들과 위성방송 사업자들이 T-commerce 서비스를 제공하고 있음에도 불구하고 일본의 T-commerce 시장은 활성화되지 못하고 있다. 한편 일본의 디지털 양방향 TV 서비스에 있어 특수한 사항은 디지털 양방향 TV 서비스의 역사가 짧고, 시장의 규모가 작은데도 불구하고 T-commerce 를 비롯한 퀴즈, 지역정보, 기상정보 등과 같은 다양한 서비스들의 제공이 시도되고 있다는 것이다.

일본의 데이터방송은 BS 및 CS의 디지털 위성방송을 중심으로 이루어지고 있다. 일본에서 이루어지고 있는 데이터방송은 일부 채널을 제외하고는 대부분 무료이며, 연동형과 독립형 서비스가 모두 이루어지고 있지만 독립형 서비스가 다수를 차지하고 있다. 유료채널은 경품채널, 스포츠채널, 게임채널, 지식정보 및 교육채널 등이며 가장 높은 이용료를 받는 서비스는 월 500엔의 이용료를 받는 교육채널이고, 뉴스채널과 스포츠채널은 월 150엔에서 180엔 정도의 가장 저렴한 이용료를 받고 있다.

한편 무료채널에서의 수익원은 광고라고 보았을 때, 결국 일본의 디지털 데이터 방송 서비스의 운영모델은 무료/광고 방송, 수신료방송, 다채널 유료 방송으로 구분할 수 있을 것이다. 일본은 디지털 데이터방송 서비스에 양방향광고와 지역광고의 도입을 적극적으로 추진하고 있다. 하지만 CS 디지털 위성방송 사업자들은 아직까지 자신의 프로그램을 준비하는 것만으로도 벅차 보이며 고기능의 디지털 양방향 TV 서비스를 할 여력은 없다는 것이 일반적인 의견이다. 현재 방송되고 있는 디지털 양방향 TV 서비스는 대부분이 기존의 프로그램에 약간의 관련정보를 더해 디지털 양방향 TV 서비스를 실시하는 수준에 머물고 있다.

3) 유럽연합

일본과 아시아 시장도 이미 쌍방향 데이터 서비스를 적극 도입하고 있으며, 이탈리아의 Telecom Italy나 Fastweb, 대만의 충칭 Telecom 등 전 세계 통신사업자들도 트리플 플레이 시장 선점을 위해 방송서비스와의 결합 상품을 제공하는 데 주력하고 있다.

독일의 3GPP망과 기존 교환망(ATM) 및 인터넷(IP)망은 당분간 통합 없이 별도 구축을 추진 중인 것으로 파악되고 있으며, 향후 NGN 도입 방향을 결정하지 못하고 표준화 동향을 주시한다.

독일은 1997년에 '정보 통신 서비스 법'과 '미디어서비스국가협약'을 제정하여 디지털방송을 위한 법제를 마련하였고, 주 '미디어 관리청'을 중심으로 의견의 다양성을 보장하는 차원에서 디지털방송의 활성화 정책을 추진하고 있다.

영국 BT와 프랑스 FT는 현재 운용 중인 ATM 망구조를 NGN 개념으로 고도화시키는 것과 동시에 기존 인터넷망에 다중위성 조정장치(MPLS) 기술을 적용하여 고품질의 이동 및 무선 접속능력을 강화하는 작업을 진행 중이다.

영국의 경우 2003년 'Communication Act 2003'을 제정하여 디지털방송 도입을 위한 법제를 마련하였고, OFCOM을 신설하여 방송과 통신의 융합서비스 및 디지털방송 서비스 도입을 위한 규제체계를 정비하였다.

유럽연합(EU)은 이미 지난 2002년 EU지침(Directive)을 제정, 예외적으로 사업권을 허가할 뿐 원칙적으로는 통신·방송망을 통한 모든 서비스에 한해 최소한의 진입규제를 권고하고 있다.

이탈리아는 정부의 주도로 급속하게 디지털방송화가 이루어지고 있다. 이러한 계획을 단순히 시장의 움직임에 맡겨 두는 것이 아니라 정부가 디지털 셋톱박스에 지원금을 지원하는 형태로 적극적으로 개입해 왔다. 2004년부터 본격적으로 양방향 서비스를 실시하고 있다. 방송시장의 약 95% 이상을 차지하고 있는 공중파 방송사들인 라이(RAI), 미디어 셋(Mediaset), 그리고 텔레콤 이탈리아는 MHP에 기반을 둔 양방향 서비스를 제공하고 있다. 2004년 케이블이나 위성방송 가입자들과는 달리 일반 시청자들은 정부가 제공한 120만 대의 셋톱박스를 제공받았다. 이러한 정부의 지원을 고려하면 무료로 셋톱박스를 받을 수 있어서 더 빨리 확산시킬 수 있었다. 이탈리아의 서비스는 무료로 수신할 수 있는 공중파 방송 시스템을 이용해 전달되므로 무료로 제공된다. 그러나 방송사들은 특정 프로그램에 연동돼 애플리케이션에 시청자들이 참여하게 되면 이를 계기로 수익을 올리고 있다. 예를 들어 인기 있는 자동차 경주 프로그램에 연동되어 있는 애플리케이션들은 쌍방향적으로 현재 진행되고 있는 경주의 운전자들에 대한 정보를 제공할 뿐만 아니라 시청자들이 우승자를 예상해서 방송사에 이를 전송하는 시스템을 이용하고 있다. 정확하게 예측한 시청자들은 추첨을 통해 유명한 자동차 경주 운전자의 사인을 선물로 주는 것이다. 방송사들이 직접 배타적으로 제작하기보다는 외부 제작사들과의 공조를 통해 개발된다. 양방향 서비스를 적극적으로 개발하고 방송하고 있는 대형 방송사인 미디어 셋(Mediaset)은 Iconmedia란 애플리케이션 개발업체와, 공영방송사인 RAI는 MyTv, 텔레콤 이탈리아는 Exit Consulting과 함께 일하고 있다.

가) 영 국

영국은 현재 Video Network의 Home choice와 BT에 의해 BT Vision이라는 IPTV 서비스가 행해지고 있다. BT보다는 Homechoice가 먼저 IPTV 사업을 시작하였고 런던 지역에 한정해 서비스 중이다. 주지하다시피 BT는 2005년 액세스 사업 부문이 조직, 분리되었고 Homechoice는 BT의 LLU 의무를 활용, IPTV 사업을 하고 있다. BT는 앞서 설명한 하이브리드 전송방식의 BT Vision 서비스를 시행 중인데 지상파 무료방송은 안테나로 수신하고 광대역 접속을 통해서는 VOD를 서비스하므로 IPTV와는 다소 구별된다 할 수 있다.

한편 영국에서는 전자통신 네트워크를 통해 프로그래밍을 제공하는 사업자라면 프로그램을 편성하여 채널을 생성하지 않더라도 Television Licensable Content Services(TLCS) 라이센스가 필요하다. 해당 규정으로 현재 Homechoice는 케이블, 위성사업자와 동일하게 TLCS 라이센스를 보유하고 있다. 또한 흥미로운 점은 VOD와 같은 비선형 서비스에 대해 특별한 규정이 없는데 이는 영국 내 Association for Television on Demand(ATVOD)라는 IPTV 사업자로 이루어진 단체에 의해 자체 정화 능력을 지닌 것으로 평가하고 있기 때문이다(OVUM, 2007).

영국의 의무전송 규제는 EU의 보편적 서비스 지침과 동일 수준의 규제를 시행하고 있는데 상당한 수의 시청자가 라디오 및 TV 시청의 주요수단으로 사용하는 네트워크일 경우 부과된다. 물론 IPTV도 의무전송 규제대상에 포함되나 실제로 규제가 시행되진 않고 있다. 이는 의무전송 대상 채널사업자와 플랫폼 사업자가 서로 상업적 협약에 의해 채널전송을 협정했기 때문이다.

의무전송 규제와 함께 방송사업자에게 부과되는 의무공급 규제(must - offer) 또한 존재한다. Ofcom은 2003년 통신법에서 공공서비스 의무를 가진 방송사업자에게 자신들의 콘텐츠가 상당한 수의 시청자가 사용하는 네트워크에 전송될 수 있도록 콘텐츠를 의무공급할 것을 라이센스 조건으로 하였다. 따라서 상당한 수의 사용자에 대한 명확한 지침이 제시되고 또 IPTV가 이에 해당될 경우 상업적 협정이 없어도 의무전송 및 의무공급 규제에 의해 공공채널이 서비스된다.

영국은 데이터방송을 가장 빨리 시행하여 세계에서 데이터방송 보급률이 가장 높은 국가로 디지털방송 환경하에서의 전자정부를 처음으로 구현한 바 있다. 서비스 사례를 보면, 위성방송 BskyB는 축구 독점 중계권 등 킬러 콘텐츠 확보로 스포츠 배팅(Sports Betting) 서비스, 전자상거래, 게임, 이메일 등의 서비스를 제공하고 있으며, 케이블방송 CWC는 쌍방향 TV를 통해 게임, 퀴즈, 스포츠 서비스를 제공하고 있다. 지상파방송 BBC는 인터넷접속, 전화, 홈쇼핑과 같은 서비스와 함께 프로그램 연동형 퀴즈, 투표, 인터랙티브 드라마(에피소드나 이용시간 등을 이용자가 선택)를 제공하고 있다.

영국의 스카이 TV의 양방향광고와 T-커머스는 5년이 지난 현재 전체 매출액의 7%를 차지하고 있다. 일반 광고매출이 전체 매출에서 차지하는 비율이 9%인 것과 비교하면 놀라운 수치가 아닐 수 없다. 더욱 주목할 만한 점은 양방향광고가 매년 50% 이상의 성장률을 보이며 폭발적으로 증가하고 있다.

〈표 9〉 영국의 디지털 TV 수익모델

Business Model	Example	Operator revenue	BSkyB iTV 매출 (2004E)
Betting (베팅)	Sports Betting (General, Horse Racing …)	BSkyB는 Survey Sports로부터 순이익의 50% 및 건당 20 penny의 commission 수수	43%
Contents (컨텐츠)	Walled garden 입점 사업자	거래금액의 4%와 건당 20 penny	17%
Advertising (광고)	Walled Garden내의 광고	광고료	11%
Commerce (상거래)	TV Shopping	5~20%의 commission	6%
Telephone Charge (접속료)	Static 2358의 PlayJam (Walled Garden)	게임 접속 - 일반: ? 0.56~0.82 ($ 0.49~0.71) - 프리미엄: ? 1.43~1.64 ($1.24~1.42) 점수 등록: ? 0.0.6~0.08 ($ 0.05~0.07)	6%
Subscription (월정액)	Visiware의 Palyin'TV	월 ? 4~5 ($3.48~4.35)	N/A

출처: 주피터 커뮤니케이션(2002)

나) 프랑스

프랑스는 France Telecom, Neuf Telecom Cegetel, Free Telecom, Telecom Italia에 의해 IPTV 서비스가 제공되고 있다. 이 중 France Telecom은 액세스 망을 자가보유망으로 서비스 중이고 다른 사업자는 LLU 제도를 활용하고 있다. LLU를 활용한 사업자 대부분의 커버리지는 Full unbundling으로 오픈된 1,251개의 주배전반(MDF)이 있는 지역에서 IPTV 사업자의 물리적인 액세스가 FT 교환

기와 이루어진 곳으로부터 약 2.5KM 반경 이내가 사업자의 커버리지이다.

프랑스의 규제기관은 네트워크 관련 규제를 담당하는 Autorité de Régulation des Communications Électroniques et des Postes(ARCEP)과 방송관련 규제를 담당하는 Conseil Superieur De L'audiovisuel(CSA)로 분리되어 있다. CSA는 IPTV 서비스를 위해서는 특별히 'declarations'라고 하는 인가조건을 부여하고 있다. 그런데 'declarations'는 스케줄화된 선형서비스에만 규제가 적용되고 VOD와 같은 비선형 서비스는 규제대상에서 제외된다. 의무전송 규제는 CSA가 담당하고 있는데 IPTV 서비스를 위해 'declarations'를 제출해야 하므로 IPTV도 의무전송 규제 대상에 해당된다. Thomson(2006)에 따르면 법률로 명문화된 규정은 없으나 방송규제당국으로부터 주파수를 할당받지 않은 모든 플랫폼 사업자는 의무 전송규제가 부과되며 의무전송 대상채널은 France 2를 포함한 공공채널(public channel) 전부와 지역 채널 일부가 요청에 의해 가능하다고 되어 있다. 프랑스의 IPTV에 대한 의무전송 규제는 EU 지침의 '상당한 수' 사용자가 해당 서비스를 이용할 경우 부여됨에 비해 다소 강한 수준의 규제를 적용받는다.

또한 공공채널의 경우 의무공급규제도 적용받는다. 즉 공공채널의 경우 라이센스 요건으로 모든 네트워크에서 해당 채널이 공급될 것을 요구하고 있어 공공채널은 반드시 IPTV에 자신의 채널을 공급해야 한다. 그러나 의무전송을 위한 방송비용 및 전송비용은 IPTV 사업자가 부담한다.

다) 독 일

독일은 DT에 의해 T-Home이라는 IPTV 서비스와 Telecom Italia(TI)의 자회사인 Hansenet에 의해 Alice Home TV가 서비스 중이다. DT는 전국 대부분을 커버리지로 하고 있고 Hansenet은 Hamburg와 Lübeck에서 서비스 중이다. DT는 자가 보유망을 이용하여 서비스하고 있고 Hansenet은 자가 보유망과 LLU 제도를 혼용하여 서비스한다.

독일의 IPTV 규제기관은 통신서비스 및 네트워크 규제를 담당하는 Bundesnetzagentur(Bnetza)와 15개의 지역 연방 방송규제기관인 Landesmedienanstaliten(LMAs)에 의해 규제된다. Bnetza는 Network distribution 단계에서 식별된 상호 접속을 비롯한 지배적 사업자의 LLU 등 사전규제를 부과하고 있으며 각 연방의 LMA 는 각각 다른 방송 라이센스 허가권으로 규제한다. 현재 자신의 채널이 없 이 단순히 채널을 취합한 후 EPG를 부가해 서비스하는 IPTV 사업자는 따 로 방송 라이센스를 획득할 필요는 없으나 만약 자신의 고유한 채널을 서비 스하고자 한다면 서비스되는 지역의 LMA로부터 방송 라이센스를 취득하여 야 한다. 의무전송 규제는 각 지역의 LMA가 각각 다른 수준의 규제를 가할 수 있다. 따라서 LMA 라이센스를 취득한 IPTV 사업자의 경우, 서비스 지역 이 광범위할 경우 각각 다른 수준의 의무전송 규제를 받을 수 있다. 한편 LMA는 규제 지역의 전송용량 사용 및 할당에 대한 규제권한을 갖고 있는 바 IPTV가 디지털케이블 TV의 범주에 포함되는지 여부가 논의 중에 있다.

라) 이탈리아

이탈리아는 주지하다시피 케이블 발달이 취약한 상황에서 IPTV가 보급되기 시작하여 상대적으로 IPTV가 활성화되어 있다. 현재 FastWeb과 TI에 의해 서 비스되고 있고 FastWeb의 경우 인구밀도가 높은 편인 대부분의 도시가 커버 리지이고 TI는 약 70개 도시에서 서비스가 가능하다. FastWeb과 TI 모두 자가 보유망을 사용하고 있고 FastWeb은 TI의 LLU를 일부 활용하고 있다.

이탈리아의 규제기관은 Autoritá Per le Garanzie nelle Comunicazioni(AGCOM) 으로 방송과 통신 모두를 규제하고 있다. 현재 IPTV 서비스는 일종의 케이 블 사업으로 간주되어 각 가치사슬 단계에서 사업승인을 필요로 하고 있고 Channel creation과 Channel aggregation 단계 모두를 기능하는 수직통합 사업 자는 회계분리가 필요하다. IPTV 사업자와 관련된 의무전송 및 의무공급 규 제는 존재하지 않는다.

이탈리아 데이터방송 산업계는 정부의 파격적인 디지털방송 부흥정책으로 인해 개발 분위기가 한껏 고조되어 있다. 셋톱박스의 보조금 지급을 위해 정 부가 예산 1억 2,500만 유로(한화 1,885억 원)를 책정한 것이다. 정부가 지원 하는 셋톱박스는, 가입자 인증이 가능하도록 스마트카드 리더기와 유선의 전화선 또는 이동통신망의 상향채널(return path)이 갖춰져 있고, 쌍방향 서비스가 가능한 표준화된 플랫폼(MHP: 유럽의 DVB가 규격화한 쌍방향TV 미들웨어)이 장착된 것이다. 이용자가 이러한 셋톱박스 구입 시 150유로(한화 21만 7,500원)씩 현금으로 되돌려 받도록 하는 정책을 정부가 과감히 시행하는 것은 단순히 높은 화질의 디지털방송 서비스를 국민에게 보여 주기 위해서가 아니라 데이터방송, 주문형 방송, T-commerce, TV 뱅킹, T-Government 등 양방향의 각종 응용서비스를 인접의 경쟁 국가에 앞서 자국에서 확산시킴으로써 전후방 관련 산업을 일제히 육성하려는 매우 적극적인 정책임을 알 수 있다. 이탈리아는 올 한 해 73만 3,000대의 DTV 셋톱박스를 보급시켜, 총 100만 DTV 시청가구를 돌파하겠다는 목표를 제시하며 오는 2007년에는 아날로그 TV 방송 송출을 중단하겠다는 의지도 밝히고 있다.

4) 중국

광 전파 전자총국을 중심으로 디지털화를 추진하고 있으며, 실질적인 디지털화는 각 성별로 자율적으로 추진하고 있다.

디지털 TV 및 산업의 중요성을 인식하고 1992년부터 디지털 연구팀을 조직하여 운영하고 있고, 디지털 TV 시험방송을 실시하고 있다.

디지털 지상파 TV의 경우 자체 표준 방식을 채택한다는 계획이고 2015년까지 디지털화를 완료한다는 계획이다.

나. 해외의 방송광고 관련 정책

1) 네트워크 콘텐츠 분리규제

우리나라에서는 현재 규제기구 통합 논의가 활발하지만, 네트워크·콘텐츠의 분리규제 프레임 워크(구조, framework)에 대한 논의는 상대적으로 뒤져 있다.

통신과 방송 융합서비스 관련 분류체계는 네트워크와 콘텐츠를 분리규제하는 형태로 큰 축을 형성할 전망이다. 우리나라도 향후 진행될 WTO 시장개방협상에 대응하기 위해서는 융합서비스에 대한 분류체계를 신속히 정립할 필요가 있다.

EU의 사례와 OECD 사례를 비교 분석하면, 전 세계의 규제 프레임워크가 네트워크와 콘텐츠를 분리하는 형태로 진행되고 있다. OECD의 경우, 새로운 규제 프레임워크에 대한 논의는 EU와 달리 아직 '제안(proposal)'의 단계에 머물러 있지만, 30개 회원국 중 19개국이 EU 회원국이기도 해 OECD 제안 내용은 EU의 규제 프레임워크와 유사한 형태를 띠고 있다.

영국과 일본은 통신과 방송 통합규제기구에 의해 네트워크와 콘텐츠를 분리 규제하고 있고, 미국과 호주는 통합규제기구에 의한 영역별 규제형, 프랑스와 독일은 분리된 규제기구에 의한 네트워크ㆍ콘텐츠 분리규제형으로 나타나고 있다. 반면, 우리나라의 경우는 현재 통방 규제기구통합 논의는 활발한 반면 네트워크와 콘텐츠를 분리 규제하는 형태의 논의는 상대적으로 뒤져 있다. 특히 유럽연합은 새로운 규제 프레임워크를 지침으로 정하고 수용 시한을 설정하는 한편 수용 상황을 점검하고 있다. 또한 미 수용국이나 수용이 미흡한 국가에 대해 법적 절차에 의해 시정을 요구하는 등 회원국의 수용을 강제하고 있다.

유럽연합과 OECD는 네트워크와 콘텐츠 분리규제라는 큰 프레임워크에 동의하고 있으며, 미국의 경우도 내부적으로 영역별 규제체계를 유지하고 있지만 WTO 협상에서 네트워크와 콘텐츠를 구분하려는 의도를 보이고 있다. 이로써 전 세계적인 흐름은 네트워크와 콘텐츠를 분리규제하는 형태로 흘러가고 있다.

결국, 통방 융합서비스 관련 분류체계는 네트워크와 콘텐츠 분리라는 큰 축으로 논의될 전망이다. 우리나라도 향후 진행될 WTO 시장개방협상에 대응하기 위해서는 통방 융합서비스에 대한 분류체계를 신속히 정립할 필요가 있다.

2) 방송광고량 규제정책의 완화

최근 들어 텔레커뮤니케이션의 혁명적 발전과, 케이블텔레비전, 위성방송, 인터넷방송 등 다매체, 다채널 방송이 현실화되면서 기존에 형성되어 왔던 방송의 공익성에 도전을 받기 시작하였다.

그 결과 대부분의 EC 국가들도 순수 공공 서비스 방송을 양보하고 광고를 도입하는 등 재원을 다각화하거나 상업방송을 허용하여 이원적 방송체제를 형성해 가고 있다.

이 같은 방송환경의 변화에 따라 방송광고의 중요성이 인식되면서 대부분의 선진 국가들은 광고량 규제정책을 완화하거나 광고량 규제조항을 삭제하는 탈규제 정책을 도입하고 있는 추세이다.

방송광고 시간 허용량을 보면 대부분 외국의 경우 현재 우리나라의 허용 기준에 비해 많음을 알 수 있다.

미국은 84년 이후 FCC 광고규제 완화 정책에 따라 광고량 규제조항을 삭제하였으며, 영국은 1일 총량규제 방식을 도입하여 1시간당 7분(1일 방송시간이 10시간이면 10시간×7분＝70분)으로 제한하고 있으며, 프라임 시간대에 시간당 7분 30초를 넘지 못하도록 하고, 시간별 광고 편중을 막기 위해 1시간 동안 광고량이 12분을 초과하지 못하는 최대 광고 시간량 제한 제도를 두고 있다.

프랑스도 영국과 마찬가지로 최대 허용량 제한 제도를 두고 있으며, 매일 광고량은 평균 시간당 9분을 초과할 수 없도록 되어 있다. 캐나다는 텔레비전 방송광고의 경우 시간당 12분을 초과할 수 없도록 규정되어 있으며, 일본의 경우는 주간 방송시간의 18%를 초과할 수 없도록 방송광고 총량제를 실시하고 있다(KOBACO 방송광고선진화추진실무팀, 2000 a).

실제 상업방송을 실시하는 대부분의 국가에서는 방송광고 총량제를 실시하고 있어, 방송광고의 편성권을 방송사의 고유권한으로 인정하고 있는 것으로 판단된다.

<표 10> 외국의 텔레비전 방송광고 광고 허용량

구 분	한 국	일 본	미 국	영 국	서 독	프랑스	이탈리아
방송광고 허용량 (시간당)	600초 (10분)	650초 (10.8분)	570~960초 (9분 30초 ~16분)	100~720초 (1.6~12분)	100~720초 (1.6~12분)	720초 (12분)	360~720초 (6~12분)
시간당 비 율 (총량규제)	16.7% (자막광고포함)	18%	15~27%	12~15%	2.8~20%	20%	10~20%
비 고	프로그램 중간광고없음	프로그램 중간광고허용	- 자율규제 - 프로그램 중간광고허용	프로그램 중간광고허용, 토막광고형식	- 블록광고 (공영) - 중간광고허용 (민영)	- 블록광고 (공영) - 중간광고허용 (민영)	- 블록광고 (공영) - 중간광고허용 (민영)

출처: 방송광고선진화추진실무팀, [방송광고선진화를 위한 기초연구], 2000.8, p.15./ 한국방송광고공사 자료

Ⅲ 국내 IPTV 및 디지털케이블방송 가입시청자의 양방향방송광고에 대한 수용 및 광고효과

1. 양방향방송광고효과 조사 개요

가. 조사 취지

본 조사 IPTV와 Digital CATV에서는 현행 방송 광고에 대한 만족도와 다양한 광고유형에 대한 광고효과를 측정함으로써 향후 효과적인 광고 집행에 유익한 결과를 도출하고자 한다.

나. 조사 일정

9월 – 해외 자료 조사 및 설문 내용 및 방법 협의

10월 – 설문지 세트업(설문지 IPTV 작성, 설문지 Digital CATV 작성)

11월 – 국내 양방향방송광고 조사, Web survey 조사 시행, 심층면접조사 시행, 조사결과분석, 국내 양방향방송광고 제도개선 방안 연구, 조사결과 활용 방안 연구

다. 조사 방법

1) 웹서베이

본 조사는 IPTV, Digital CATV 가입자를 대상으로 주요한 몇 가지 유형별 광고에 대한 평가를 목적으로 한 조사이다. 이를 위해 본 연구팀은 미디어조사 전문회사인 TNS Korea에서 운영하고 있는 8만 명의 6 Dimension 액세스 패널을 이용해 본 목적에 맞는 서비스 가입자 400명을 대상으로 응답자를 리쿠루트하여 조사를 실시하였다.

2) 심층면접 조사 설계

○ 응답자 규모

IPTV 가입자: 20명	남: 10명, 여: 10명
Digital CATV 가입자: 20명	남: 10명, 여: 10명

○ 조사방식

가입자 리쿠루트는 리쿠루트 요원에 의하여 모집하였으며, IPTV, Digital CATV 서비스 가입자를 대상으로 하였다. 일정 장소에서 10명씩 4개 집단으로 조사하였으며, 기본 설문 문항과 각 광고유형별 평가에 대한 이유를 정성적으로 질문하여 받았다.

○ 소비자 정량 조사에 대한 표준오차범위

- 440명 전체 응답자 기준: 95%, 신뢰수준에서 ±4.7%

라. 조사대상

○ Web survey 대상

- IPTV 가입자 200명, Digital CATV 가입자 200명

○ FGI(Focus Group Interview) 대상

- IPTV 가입자 20명, Digital CATV 가입자 20명

마. 조사측정도구

IPTV와 디지털케이블방송에서 구현이 가능하게 되는 광고 6가지 유형을 선별하여 이를 구현하도록 하고 이에 대한 반응을 측정하였다. 조사에 사용된 광고 유형은 기존과 같은 노출형 광고와 양방향방송광고로서 정보제공형 광고, 영화형 광고, 게임형 광고, 이벤트형 광고, 커머스형 광고 6가지를 측정도구로 사용하였다.

바. 조사연구내용

○ IPTV 미디어 및 현행 IPTV 광고에 대한 수용태도
 - IPTV 광고에 대한 만족도
 - IPTV 광고에 대한 기대
 - 새로운 IPTV 광고에 대한 수용 의향
○ IPTV에서의 광고유형별 광고효과
 - IPTV에서의 광고유형별 효과 차이
 - IPTV에서 연령에 따른 광고유형별 광고효과 차이
 - IPTV에서의 성별에 따른 광고효과 차이
 - IPTV에서의 직업에 따른 광고효과 차이
 - IPTV에서의 소득에 따른 광고효과 차이
 - IPTV 광고상품특성에 따른 광고유형별 광고효과 차이
○ Digital CATV 및 Digital CATV 광고에 대한 수용태도
 - Digital CATV 광고에 대한 만족도
 - Digital CATV 광고에 대한 기대
 - 새로운 Digital CATV 광고에 대한 수용 의향
○ Digital CATV에서의 광고유형별 광고효과
 - Digital CATV에서의 광고유형별 효과 차이

- Digital CATV에서 연령에 따른 광고유형별 광고효과 차이
- Digital CATV에서의 성별에 따른 광고효과 차이
- Digital CATV에서의 직업에 따른 광고효과 차이
- Digital CATV에서의 소득에 따른 광고효과 차이
- Digital CATV 광고상품특성에 따른 광고유형별 광고효과 차이
○ IPTV와 Digital CATV 광고효과
  - 매체별 광고유형에 따른 광고효과
  - 연령, 성별, 소득, 직업 등 소비자 특성에 따른 매체별 광고효과
○ 시청자 입장에서의 양방향방송광고 제도 보완사항

2. 양방향방송광고 효과 조사분석방법

가. 조사연구대상 분석

1) IPTV 조사자의 일반적 특성

본 연구의 연구대상자 중 IPTV 조사자의 일반적 특성은 <표 11>과 같다. 총 220명 중 연령별로는 40대가 29.1%로 가장 많았으며, 다음으로 30대 27.3%, 20대 26.4%, 50대 이상 16.4%, 10대 0.9% 순으로 나타났다. 성별로는 남자가 51.4%로, 여자 48.6%보다 높은 분포를 보였다. 결혼 여부별로는 기혼이 64.1%로 미혼 35.9%보다 많았다. 가족 수별로는 4~5인이 52.3%로 절반 이상을 차지하였으며, 다음으로 2~3인 40.0%, 1인 5.9%, 6인 이상 1.8% 순이었다.

거주지역별로는 서울이 45.5%로 가장 높은 분포를 보였으며, 다음으로

경기도 23.6%, 부산/경남지역 12.3%, 대전/충청지역 8.2%, 대구/경북지역 5.0%, 광주/전라지역 4.1% 순으로 차지하였다. 직업별로는 기업체 회사원이 28.2%로 가장 많았으며, 다음으로 전문직/전문기술직과 주부 20.9%, 학생 13.2%, 자영업자 8.6%, 공무원 5.5% 순으로 나타났다. 학력별로는 4년제 대졸이 55.0%로 절반 이상을 차지하였으며, 다음으로 고졸 이하 15.9%, 전 문대/전문대졸 12.3%, 대학원재 5.5% 순이었다. 가구 월소득별로는 300~ 400만 원 미만이 28.6%로 가장 많았으며, 다음으로 400만~500만 원 미만 19.1%, 600만 원 이상 15.0%, 200만~300만 원 미만 14.5%, 500만~600만 원 미만 13.2%, 100만~200만 원 미만 8.2%, 100만 원 미만 1.4% 순으로 나타났다.

<표 11> IPTV 조사자의 일반적 특성

구 분		빈도(명)	백분율(%)
연 령	10대	2	0.9
	20대	58	26.4
	30대	60	27.3
	40대	64	29.1
	50대 이상	36	16.4
성 별	남	113	51.4
	여	107	48.6
결혼 여부	미혼	79	35.9
	기혼	141	64.1
가 족 수	1인	13	5.9
	2~3인	88	40.0
	4~5인	115	52.3
	6인 이상	4	1.8
거주지역	서울	100	45.5
	경기도	52	23.6
	강원도	1	0.5
	대전/충청지역	18	8.2
	대구/경북지역	11	5.0
	부산/경남지역	27	12.3
	광주/전라지역	9	4.1
	제주지역	2	0.9

구 분		빈도(명)	백분율(%)
직 업	전문직/전문기술직	46	20.9
	공무원	12	5.5
	기업체 회사원	62	28.2
	자영업자	19	8.6
	주부	46	20.9
	학생	29	13.2
	기타	4	1.8
	목회자	1	0.5
	서비스업	1	0.5
학 력	고졸 이하	35	15.9
	전문대/전문대졸	27	12.3
	4년제 대졸	121	55.0
	대학원재	12	5.5
	대학원졸	25	11.4
가 구 월 소 득	100만 원 미만	3	1.4
	100~200만 원 미만	18	8.2
	200~300만 원 미만	32	14.5
	300~400만 원 미만	63	28.6
	400~500만 원 미만	42	19.1
	500~600만 원 미만	29	13.2
	600만 원 이상	33	15.0
계		220	100.0

2) Digital CATV 조사자의 일반적 특성

본 연구의 연구대상자 중 Digital CATV 조사자의 일반적 특성은 <표 12>와 같다.

연령별로는 30대가 29.1%로 가장 높은 분포를 보였으며, 다음으로 40대 28.2%, 20대 25.5%, 50대 이상 15.5%, 10대 1.8% 순으로 나타났다. 성별로는 남자가 50.5%, 여자는 49.5%를 차지하였다. 결혼 여부별로는 기혼이 60.5%로 미혼 39.5%보다 높은 분포를 보였다. 가족 수별로는 2~3인이 45.0%로 가장 많았으며, 다음으로 4~5인 43.2%, 1인 8.6%, 6인 이상 3.2% 순이었다.

거주지역별로는 서울이 32.7%로 가장 많았으며, 다음으로 경기도 28.6%,

부산/경남지역 15.5%, 대구/경북지역 8.2%, 대전/충청지역 7.7%, 광주/전라지역 4.1% 순으로 나타났다. 직업별로는 기업체 회사원이 33.6%로 가장 높은 분포를 보였으며, 다음으로 주부 17.3%, 자영업자 12.7%, 전문직/전문기술직 16.8%, 학생 13.2%, 자영업자 12.7%, 공무원 2.7% 순으로 차지하였다. 학력별로는 4년제 대졸이 51.4%로 절반 이상을 차지하였으며, 다음으로 전문대/전문대졸 20.9%, 고졸 이하 14.5%, 대학원졸 8.6%, 대학원재 4.5% 순이었다. 가구 월소득별로는 300만~400만 원 미만이 27.7%로 가장 높은 분포를 보였으며, 다음으로 400만~500만 원 미만 18.6%, 200만~300만 원 미만 16.4%, 100만~200만 원 미만 13.2%, 600만 원 이상 11.4%, 500만~600만 원 미만 10.0%, 100만 원 미만 2.7% 순으로 나타났다.

〈표 12〉 Digital CATV 조사자의 일반적 특성

구　　분		빈도(명)	백분율(%)
연　　령	10대	4	1.8
	20대	56	25.5
	30대	64	29.1
	40대	62	28.2
	50대 이상	34	15.5
성　　별	남	111	50.5
	여	109	49.5
결혼여부	미혼	87	39.5
	기혼	133	60.5
가 족 수	1인	19	8.6
	2~3인	99	45.0
	4~5인	95	43.2
	6인 이상	7	3.2
거주지역	서울	72	32.7
	경기도	63	28.6
	강원도	6	2.7
	대전/충청지역	17	7.7
	대구/경북지역	18	8.2
	부산/경남지역	34	15.5
	광주/전라지역	9	4.1
	세주지역	1	0.5

구 분		빈도(명)	백분율(%)
직 업	전문직/전문기술직	37	16.8
	공무원	6	2.7
	기업체 회사원	74	33.6
	자영업자	28	12.7
	주부	38	17.3
	학생	29	13.2
	기타	1	0.5
	서비스업	4	1.8
	무직	2	0.9
	일용직	1	0.5
학 력	고졸 이하	32	14.5
	전문대/전문대졸	46	20.9
	4년제 대졸	113	51.4
	대학원재	10	4.5
	대학원졸	19	8.6
가 구 월 소 득	100만 원 미만	6	2.7
	100~200만 원 미만	29	13.2
	200~300만 원 미만	36	16.4
	300~400만 원 미만	61	27.7
	400~500만 원 미만	41	18.6
	500~600만 원 미만	22	10.0
	600만 원 이상	25	11.4
계		220	100.0

나. 조사측정도구 검증

본 연구의 측정도구의 신뢰도를 검증한 결과는 <표 13>과 같다.

〈표 13〉 측정도구의 신뢰도

구 분	문항 수	Alpha
일반 노출형 광고	6	0.95
정보제공형 광고	6	0.94
영화형 광고	6	0.94
게임형 광고	6	0.96
이벤트형 광고	6	0.95
커머스형 광고	6	0.97

<표 13>에서 보는 바와 같이 Cronbach α가 모두 0.90 이상으로 나타났다. 따라서 본 연구의 측정도구는 신뢰할 만한 수준임을 알 수 있다.

다. 조사결과 분석 방법

본 연구의 수집된 자료는 SPSS(Statistical Package for the Social Science) WIN 13.0 프로그램을 이용하여 분석하였으며, 분석기법은 다음과 같다.

첫째, IPTV 수용자와 Digital CATV 수용자의 일반적 특성을 파악하기 위해 빈도와 백분율을 산출하였다.

둘째, IPTV와 Digital CATV 미디어 및 현행 IPTV와 Digital CATV 광고에 대한 수용태도를 살펴보기 위해 빈도분석을 실시하였다.

셋째, IPTV와 Digital CATV에서의 광고유형별로 광고효과를 알아보기 위해 Repeated Measures ANOVA(반복측정 변량분석)을 실시하였다.

넷째, IPTV와 Digital CATV에서 성별과 연령, 직업, 광고상품 특성에 따라 광고유형별 광고효과를 살펴보기 위해 Two－way ANOVA(이원변량분석)을 실시하였다.

다섯째, 광고상품 특성에 따라 IPTV와 Digital CATV에서 광고유형별 광고효과를 알아보기 위해 t－test(검증)를 실시하였다.

3. 양방향방송광고 효과 조사 결과 및 해석

가. IPTV 미디어 및 현행 IPTV 광고에 대한 수용태도

1) IPTV 선호 콘텐츠 유형

IPTV 수용자들이 선호하는 콘텐츠 유형에 대해 살펴본 결과는 <표 14>와 같다.

〈표 14〉 IPTV 선호 콘텐츠 유형

(복수응답)

구 분	빈도(명)	백분율(%)
드라마	167	38.1
뉴스	23	5.3
다큐멘터리	37	8.4
교육/학습 프로그램	22	5.0
스포츠	20	4.6
홈쇼핑	12	2.7
영화	126	28.8
기타	31	7.1
계	438	100.0

<표 14>에서 보는 바와 같이 드라마를 선호하는 수용자가 38.1%로 가장 많았으며, 다음으로 영화 28.8%, 다큐멘터리 8.4%, 기타 7.1%, 뉴스 5.3%, 교육/학습프로그램 5.0%, 스포츠 4.6%, 홈쇼핑 2.7% 순으로 나타났다. 따라서 IPTV 수용자들은 콘텐츠 유형 중에 드라마를 가장 선호하고 있음을 알 수 있다.

2) IPTV 추가정보 탐색 경험

IPTV 수용자들이 IPTV를 시청하면서 추가정보를 탐색해 본 경험이 있는지 살펴본 결과는 <표 15>와 같다.

〈표 15〉 IPTV 추가정보 탐색 경험

구 분	빈도(명)	백분율(%)
예	86	72.9
아니오	32	27.1
계	118	100.0

<표 15>에서 보는 바와 같이 IPTV를 시청하면서 추가정보를 탐색해 본 경험이 있는 수용자가 72.9%로 대부분을 차지하였으며, 그렇지 않은 수용자는 27.1%로 그다지 많지 않은 것으로 나타났다. 따라서 대부분의 IPTV 수용자들

은 IPTV를 시청하면서 추가정보를 탐색해 본 경험이 있음을 알 수 있다.

3) IPTV 현행 광고에 대한 만족도

IPTV 수용자들이 현재 방송되고 있는 IPTV의 전반적인 광고에 대해 얼마나 만족하는지 살펴본 결과는 <표 16>과 같다.

<표 16>에서 보는 바와 같이 현재 방송되고 있는 IPTV의 전반적인 광고에 대해 만족하는 수용자와 그렇지 않은 수용자가 각각 29.1%로 동일한 분포를 보였으며, 보통이라고 대답한 경우는 41.8%였다.

따라서 IPTV 수용자들은 현재 방송되고 있는 IPTV의 전반적인 광고에 대해 그다지 만족하고 있지 않음을 알 수 있다.

〈표 16〉 IPTV 현행 광고에 대한 만족도

구 분	빈도(명)	백분율(%)
1(전혀 만족하지 않는다)	8	3.6
2	18	8.2
3	38	17.3
4	92	41.8
5	50	22.7
6	12	5.5
7(매우 만족한다)	2	0.9
계	220	100.0

4) IPTV에서의 새로운 유형의 광고에 대한 기대

IPTV에서의 양방향 서비스에 대한 IPTV 수용자들의 인식을 살펴본 결과는 <표 17>과 같이 IPTV에서의 양방향 서비스에 대해 긍정적으로 인식하는 수용자가 63.7%로, 부정적으로 인식하는 수용자 13.2%보다 많았으며, 보통이다에 23.2%가 응답하였다. 따라서 IPTV 수용자들은 IPTV에서의 양방향 서비스에 대해 비교적 긍정적으로 인식하고 있음을 알 수 있다.

〈표 17〉 IPTV에서의 새로운 유형의 광고에 대한 기대

구 분	빈도(명)	백분율(%)
1(매우 부정적이다)	5	2.3
2	6	2.7
3	18	8.2
4	51	23.2
5	80	36.4
6	44	20.0
7(매우 긍정적이다)	16	7.3
계	220	100.0

5) 새로운 IPTV 광고에 대한 기대 사항

IPTV 수용자들이 새로운 IPTV 광고에 대해 기대하는 점에 대해 살펴본 결과는 <표 18>과 같다.

〈표 18〉 새로운 IPTV 광고에 대한 기대 사항

구 분	빈도(명)	백분율(%)
자세한 정보 제공	51	23.2
다양하고 실용적인 정보/프로그램	37	16.8
편리한 기능	35	15.9
저렴한 가격/이벤트	30	13.6
광고가 적었으면 좋겠다	11	5.0
기타	19	8.6
없다/모르겠다	37	16.8
계	220	100.0

<표 18>에서 보는 바와 같이 새로운 IPTV 광고로 자세한 정보 제공을 기대하는 수용자가 23.2%로 가장 많았으며, 다음으로 다양하고 실용적인 정보/프로그램 16.8%, 편리한 기능 15.9%, 저렴한 가격/이벤트 13.6%, 기타 8.6% 순으로 나타났다. 따라서 새로운 IPTV 광고로 자세한 정보 제공을 기대하는 수용자가 가장 많음을 알 수 있다.

나. IPTV에서의 광고유형별 광고효과

1) IPTV에서의 광고유형별 광고효과 차이

IPTV에서 광고유형별로 광고효과에 대해 살펴본 결과는 <표 19>와 같다. <표 19>에서 보는 바와 같이 평균이 이벤트형이 4.98로 가장 높았고, 다음으로 정보제공형 4.81, 영화형 4.68, 커머스형 4.63, 게임형 4.54 순으로 나타났으며, 일반노출형이 4.13으로 가장 낮았고, 통계적으로도 유의미한 차이를 보였다(F＝47.57, p<.001). 따라서 IPTV에서 광고효과는 이벤트형 광고가 가장 높으며, 일반노출형 광고가 가장 낮음을 알 수 있다.

<표 19> IPTV에서의 광고유형별 광고효과 차이

구 분	Mean	SD	F	p
일반노출형	4.13	1.01		
정보제공형	4.81	0.99		
영화형	4.68	1.07	47.57***	0.000
게임형	4.54	1.22		
이벤트형	4.98	1.10		
커머스형	4.63	1.23		

*** p<.001

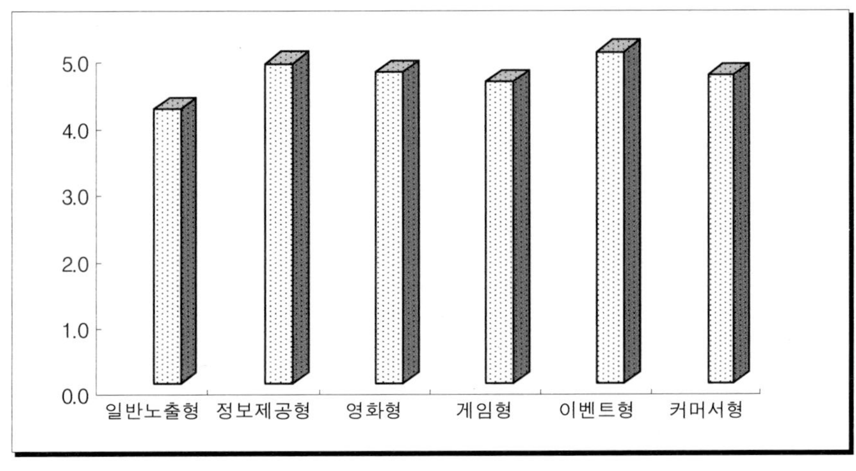

<그림 23> IPTV에서의 광고유형별 광고효과 차이

2) IPTV에서의 성별에 따른 광고유형별 광고효과 차이

IPTV에서 수용자의 성별과 광고유형에 따라 광고효과에 대해 살펴본 결과는
<표 20>, <표 21>과 같다.

<표 20>에서 보는 바와 같이 남자 수용자와 여자 수용자 모두 다른 광
고유형보다 일반노출형 광고의 효과가 낮았으며, 남자 수용자가 4.07로 여
자 수용자 4.20보다 낮았다. 또한 남자 수용자와 여자 수용자 모두 다른 광
고유형보다 이벤트형 광고의 광고효과가 높았으며, 남자 수용자가 5.04로
여자 수용자 4.92보다 높았다.

〈표 20〉 IPTV에서의 성별에 따른 광고유형별 광고효과 차이

구 분	남		여	
	M	SD	M	SD
일반노출형	4.07	1.01	4.20	1.00
정보제공형	4.83	1.04	4.79	0.94
영화형	4.63	1.12	4.73	1.01
게임형	4.53	1.27	4.54	1.18
이벤트형	5.04	1.08	4.92	1.13
커머스형	4.73	1.15	4.52	1.30

또한 광고유형과 성별이 광고효과에 미치는 영향을 알아보기 위해 변량분
석을 실시한 결과는 <표 21>과 같이 광고유형의 주 효과는 $p<.001$ 수준
에서, 광고유형과 성별의 상호작용 효과는 $p<.05$ 수준에서 통계적으로 유
의미한 영향을 미쳤고, 성별의 주 효과는 통계적으로 유의미한 영향을 미치
지 않았다. 따라서 IPTV에서 광고효과는 광고유형에 따라 차이가 있으며,
광고유형과 성별에 따라 광고효과의 차이가 있음을 알 수 있다.

〈표 21〉 IPTV에서의 성별에 따른 광고유형별 광고효과 변량분석

구 분	DF	Sum of Squares	Mean Square	F	p
광고유형	5	90.343	18.069	47.495***	0.000
성별	1	0.135	0.135	0.025	0.875
광고유형*성별	5	4.528	0.906	2.380*	0.037
잔 차	218	137.725	0.632		

* p<.05, *** p<.001

3) IPTV에서의 연령에 따른 광고유형별 광고효과 차이

IPTV에서 수용자의 연령과 광고유형에 따라 광고효과에 대해 살펴본 결과는 <표 22>, <표 23>과 같다.

<표 22>에서 보는 바와 같이 20대 이하, 30대, 40대, 50대 이상 모두 다른 광고유형보다 일반노출형 광고의 효과가 낮았으며, 20대 이하 수용자가 평균이 4.08로 일반노출형 광고의 광고효과가 가장 낮았다. 또한 20대 이하, 30대, 40대, 50대 이상 모두 다른 광고유형보다 이벤트형 광고의 광고효과가 높았으며, 50대 이상 수용자가 평균이 5.14로 이벤트형 광고의 광고효과가 가장 높았다.

〈표 22〉 IPTV에서의 연령에 따른 광고유형별 광고효과 차이

구 분	20대 이하		30대		40대		50대 이상	
	M	SD	M	SD	M	SD	M	SD
일반노출형	4.08	0.89	4.10	0.88	4.16	1.21	4.22	1.04
정보제공형	4.70	1.02	4.82	0.92	4.77	1.09	5.06	0.87
영화형	4.73	1.13	4.76	0.96	4.57	1.12	4.66	1.06
게임형	4.48	1.40	4.64	1.10	4.52	1.24	4.50	1.12
이벤트형	5.12	1.07	4.93	1.09	4.80	1.15	5.14	1.08
커머스형	4.53	1.31	4.72	1.28	4.62	1.18	4.65	1.13

또한 광고유형과 연령이 광고효과에 미치는 영향을 알아보기 위해 변량분석을 실시한 결과는 <표 23>과 같이 광고유형의 주 효과가 p<.001 수준에서 통계적으로 유의미한 영향을 미쳤으며, 연령의 주 효과, 광고유형과 연령의 상호작용 효과는 통계적으로 유의미한 영향을 미치지 않았다. 따라서 IPTV에서 광고효과는 광고유형에 따라 차이가 있음을 알 수 있다.

〈표 23〉 IPTV에서의 연령에 따른 광고유형별 광고효과 변량분석

구 분	DF	Sum of Squares	Mean Square	F	p
광고유형	5	89.508	17.902	47.026***	0.000
연령	3	3.140	1.047	0.190	0.903

구　분	DF	Sum of Squares	Mean Square	F	p
광고유형*연령	15	8.071	0.538	1.413	0.133
잔　　차	216	140.234	0.649		

*** p<.001

4) IPTV에서의 직업에 따른 광고유형별 광고효과 차이

IPTV에서 수용자의 직업과 광고유형에 따른 광고효과에 대해 살펴본 결과는 <표 24>, <표 25>와 같다.

〈표 24〉 IPTV에서의 직업에 따른 광고유형별 광고효과 차이

구　분	전문직/전문기술직		공무원/기업체 회사원		주부		기타	
	M	SD	M	SD	M	SD	M	SD
일반노출형	3.96	1.00	4.09	1.09	4.44	1.02	4.06	0.85
정보제공형	4.67	1.23	4.79	0.96	4.97	0.97	4.82	0.81
영화형	4.52	1.28	4.70	1.03	4.87	0.97	4.63	0.99
게임형	4.21	1.42	4.62	1.21	4.69	1.11	4.58	1.13
이벤트형	4.89	1.28	4.96	1.04	5.11	1.15	4.97	1.00
커머스형	4.53	1.35	4.68	1.20	4.73	1.24	4.56	1.17

<표 24>에서 보는 바와 같이 전문직/전문기술직, 공무원/기업체 회사원, 주부, 기타 직업 종사자 모두 다른 광고유형보다 일반노출형 광고의 광고효과가 낮았으며, 특히 전문직/전문기술직이 평균이 3.96으로 일반노출형 광고의 광고효과가 가장 낮았다. 또한 전문직/전문기술직, 공무원/기업체 회사원, 주부, 기타 직업 종사자 모두 다른 광고유형보다 이벤트형 광고의 광고효과가 높았고, 특히 주부가 평균이 5.11로 이벤트형 광고의 광고효과가 가장 높았다.

〈표 25〉 IPTV에서의 직업에 따른 광고유형별 광고효과 변량분석

구　분	DF	Sum of Squares	Mean Square	F	p
광고유형	5	87.163	17.433	45.377***	0.000
직업	3	16.043	5.348	0.982	0.402
광고유형*직업	15	4.287	0.286	0.744	0.740
잔　　차	216	139.796	0.647		

*** p<.001

또한 광고유형과 직업이 광고효과에 미치는 영향을 알아보기 위해 변량분석을 실시한 결과는 <표 25>와 같이 광고유형의 주 효과가 p<.001 수준에서 통계적으로 유의미한 영향을 미쳤으며, 직업의 주 효과, 광고유형과 직업의 상호작용 효과는 통계적으로 유의미한 영향을 미치지 않았다. 따라서 IPTV에서 광고효과는 광고유형에 따라 차이가 있음을 알 수 있다.

5) IPTV에서의 소득에 따른 광고유형별 광고효과 차이

IPTV에서 수용자의 월소득과 광고유형에 따라 광고효과에 대해 살펴본 결과는 <표 26>, <표 27>과 같다.

〈표 26〉 IPTV에서의 소득에 따른 광고유형별 광고효과 차이

구 분	300만 원 미만		300~400만 원 미만		400~500만 원 미만		500만 원 이상	
	M	SD	M	SD	M	SD	M	SD
일반노출형	3.96	1.06	4.22	0.85	4.16	1.00	4.17	1.11
정보제공형	4.72	1.11	4.63	0.78	4.84	1.04	5.05	1.01
영화형	4.53	1.13	4.63	0.90	4.67	1.05	4.87	1.17
게임형	4.46	1.29	4.49	0.97	4.52	1.24	4.67	1.40
이벤트형	4.78	1.33	4.81	1.02	5.15	0.88	5.21	1.07
커머스형	4.58	1.33	4.49	1.15	4.76	1.01	4.73	1.36

<표 26>에서 보는 바와 같이 300만 원 미만, 300만~400만 원 미만, 400만~500만 원 미만, 500만 원 이상 수용자 모두 다른 광고유형보다 일반노출형 광고의 광고효과가 낮았으며, 특히 300만 원이 3.96으로 가장 낮았다. 또한 300만 원 미만, 300만~400만 원 미만, 400만~500만 원 미만, 500만 원 이상 수용자 모두 다른 광고유형보다 이벤트형 광고의 광고효과가 높았으며, 특히 500만 원 이상인 수용자가 평균이 5.21로 이벤트형 광고의 광고효과가 높았다.

또한 광고유형과 월소득이 광고효과에 미치는 영향을 알아보기 위해 변량분석을 실시한 결과는 <표 27>과 같이 광고유형의 주 효과가 p<.001 수준에서 통계적으로 유의미한 영향을 미쳤으며, 월소득의 주 효과, 광고유형

과 월소득의 상호작용 효과는 통계적으로 유의미한 영향을 미치지 않았다. 따라서 IPTV에서 광고효과는 광고유형에 따라 차이가 있음을 알 수 있다.

〈표 27〉 IPTV에서의 소득에 따른 광고유형별 광고효과 변량분석

구 분	DF	Sum of Squares	Mean Square	F	p
광고유형	5	90.670	18.134	47.577***	0.000
월소득	3	17.382	5.794	1.065	0.365
광고유형*월소득	15	7.556	0.504	1.322	0.181
잔 차	216	139.138	0.644		

*** p<.001

6) IPTV 광고상품 특성에 따른 광고유형별 광고효과 차이

IPTV에서 광고상품 특성에 따라 광고유형별로 광고효과에 대해 살펴본 결과는 <표 28>과 같다.

〈표 28〉 IPTV 광고상품 특성에 따른 광고유형별 광고효과 차이

구 분	고관여 제품		저관여 제품		t	p
	M	SD	M	SD		
정보제공형	5.28	1.26	4.81	1.38	3.71***	0.000
영화형	4.83	1.34	4.75	1.37	0.56	0.574
게임형	4.67	1.59	4.70	1.66	- 0.21	0.838
이벤트형	5.11	1.53	5.38	1.45	- 1.89	0.060
커머스형	4.43	1.58	4.58	1.58	- 0.99	0.321

*** p<.001

정보제공형 광고의 광고효과는 고관여 제품이 저관여 제품보다 높았으며, 통계적으로도 유의미한 차이를 보였다(t = 3.71, p<.001). 영화형 광고의 광고효과는 저관여 제품이 고관여 제품보다 높았으나 유의미한 차이는 아니었다. 게임형과 이벤트형, 커머스형 광고의 광고효과는 고관여 제품이 저관여 제품보다 높았으나 통계적으로는 유의미한 차이를 보이지 않았다.

이상에서 IPTV 광고상품 특성에 따라 광고유형의 광고효과에 대해 살펴

본 결과, 고관여 제품이 저관여 제품보다 정보제공형 광고의 광고효과가 높음을 알 수 있다.

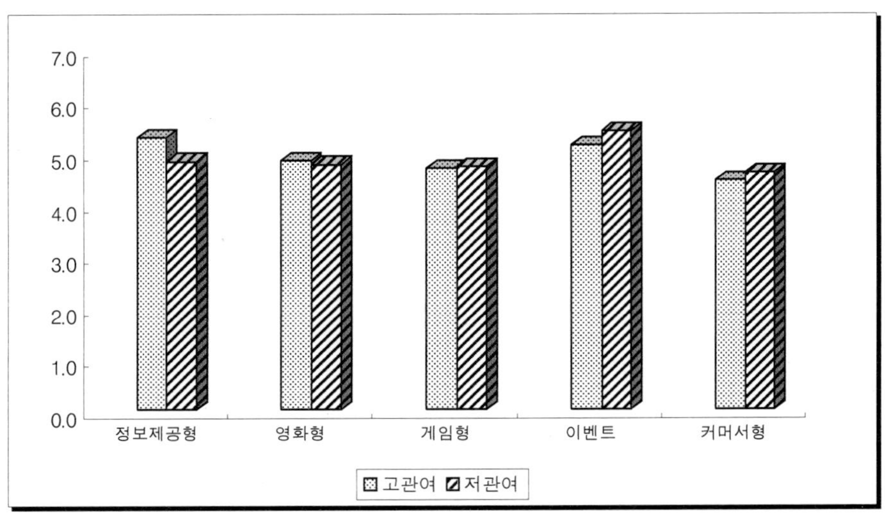

<그림 24> IPTV 광고상품특성에 따른 광고유형별 광고효과 차이

다. Digital CATV 및 Digital CATV 광고에 대한 수용태도

1) Digital CATV 선호 콘텐츠 유형

Digital CATV 수용자들이 선호하는 콘텐츠 유형에 대해 살펴본 결과는 <표 29>와 같다.

<표 29>에서 보는 바와 같이 드라마를 선호하는 수용자가 27.6%로 가장 많았으며, 다음으로 영화 24.0%, 스포츠 14.6%, 뉴스 13.7%, 다큐멘터리 10.3%, 교육/학습프로그램 2.7%, 홈쇼핑 2.1% 순으로 나타났다. 따라서 Digital CATV 수용자들은 콘텐츠 유형 중에 드라마를 가장 선호하고 있음을 알 수 있다

〈표 29〉 Digital CATV 선호 콘텐츠 유형

(복수응답)

구　분	빈도(명)	백분율(%)
드라마	121	27.6
뉴스	60	13.7
다큐멘터리	45	10.3
교육/학습 프로그램	12	2.7
스포츠	64	14.6
홈쇼핑	9	2.1
영화	105	24.0
기타	22	5.0
계	438	100.0

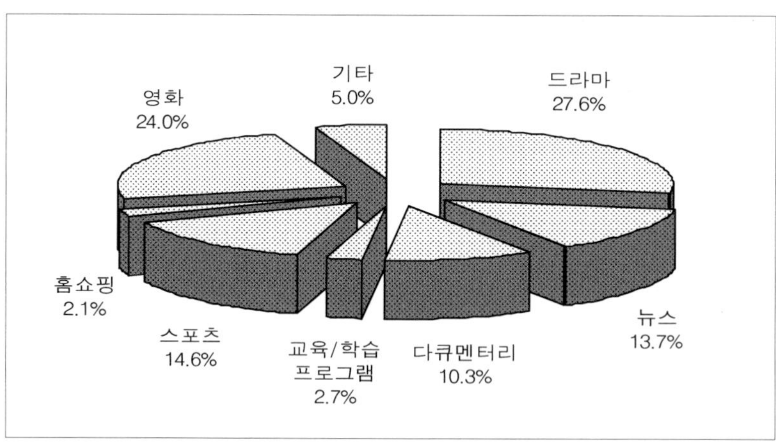

〈그림 25〉 Digital CATV 선호 콘텐츠 유형

2) Digital CATV 추가정보 탐색 경험

Digital CATV 수용자들이 Digital CATV를 시청하면서 추가정보를 탐색해 본 경험이 있는지 살펴본 결과는 <표 30>과 같다.

〈표 30〉 Digital CATV 추가정보 탐색 경험

구　분	빈도(명)	백분율(%)
예	60	59.4
아니오	41	40.6
계	101	100.0

<표 30>에서 보는 바와 같이 Digital CATV를 시청하면서 추가정보를 탐색해 본 경험이 있는 수용자가 59.4%로, 그렇지 않은 수용자가 40.6%보다 많은 것으로 나타났다.

3) Digital CATV 현행 광고에 대한 만족도

Digital CATV 수용자들이 현재 방송되고 있는 Digital CATV의 전반적인 광고에 대해 얼마나 만족하는지 살펴본 결과는 <표 31>과 같다.

〈표 31〉 Digital CATV 현행 광고에 대한 만족도

구 분	빈도(명)	백분율(%)
1(전혀 만족하지 않는다)	11	5.0
2	18	8.2
3	37	16.8
4	93	42.3
5	51	23.2
6	7	3.2
7(매우 만족한다)	3	1.4
계	220	100.0

<표 31>에서 보는 바와 같이 현재 방송되고 있는 Digital CATV의 전반적인 광고에 대해 만족하지 않는 수용자가 30.0%로 만족하는 수용자 27.8%보다 많았으며, 보통이다에 43.2%가 응답하였다. 따라서 Digital CATV 수용자들은 현재 방송되고 있는 Digital CATV의 전반적인 광고에 대해 그다지 만족하고 있지 않음을 알 수 있다.

4) Digital CATV에서의 새로운 유형의 광고에 대한 기대

Digital CATV에서의 양방향 서비스에 대한 Digital CATV 수용자들의 인식을 살펴본 결과는 <표 32>와 같다.

〈표 32〉 Digital CATV에서의 새로운 유형의 광고에 대한 기대

구 분	빈도(명)	백분율(%)
1(매우 부정적이다)	5	2.3
2	5	2.3
3	17	7.7
4	69	31.4
5	56	25.5
6	50	22.7
7(매우 긍정적이다)	18	8.2
계	220	100.0

<표 32>에서 보는 바와 같이 Digital CATV에서의 양방향 서비스에 대해 긍정적으로 인식하는 수용자가 56.9%로 부정적으로 인식하는 수용자 12.3%보다 많았으며, 보통이다에 31.4%가 응답하였다. 따라서 Digital CATV 수용자들은 Digital CATV에서의 양방향 서비스에 대해 비교적 긍정적으로 인식하고 있음을 알 수 있다.

5) 새로운 Digital CATV 광고에 대한 기대 사항

Digital CATV 수용자들이 새로운 Digital CATV 광고에 대해 기대하는 점에 대해 살펴본 결과는 <표 33>과 같다.

〈표 33〉 새로운 Digital CATV 광고에 대한 기대 사항

구 분	빈도(명)	백분율(%)
자세한 정보 제공	51	23.2
다양한 정보/프로그램	48	21.8
편리한 기능	31	14.1
저렴한 가격/이벤트	19	8.6
광고가 적었으면 좋겠다	11	5.0
기타	7	3.2
없다/모르겠다	53	24.1
계	220	100.0

<표 33>에서 보는 바와 같이 새로운 Digital CATV 광고로 자세한 정보

제공을 기대하는 수용자가 23.2%로 가장 많았으며, 다음으로 다양한 정보/프로그램 21.8%, 편리한 기능 14.1%, 저렴한 가격/이벤트 8.6% 순으로 나타났다. 따라서 새로운 Digital CATV 광고로 자세한 정보 제공을 기대하는 수용자가 가장 많음을 알 수 있다.

라. Digital CATV에서의 광고유형별 광고효과

1) Digital CATV에서의 광고유형별 광고효과 차이

Digital CATV에서 광고유형별로 광고효과에 대해 살펴본 결과는 <표 34>와 같다.

<표 34> Digital CATV에서의 광고유형별 광고효과 차이

구 분	Mean	SD	F	p
일반노출형	4.04	0.97		
정보제공형	4.55	1.01		
영화형	4.53	0.96	25.61***	0.000
게임형	4.35	1.14		
이벤트형	4.62	1.16		
커머스형	4.38	1.13		

*** p<.001

<표 34>에서 보는 바와 같이 평균이 이벤트형 광고가 4.62로 가장 높았고, 다음으로 정보제공형 광고 4.55, 영화형 광고 4.53, 커머스형 광고 4.38, 게임형 광고 4.35 순으로 나타났으며, 일반노출형 광고가 4.04로 가장 낮았고, 통계적으로도 유의미한 차이를 보였다(F=25.61, p<.001). 따라서 Digital CATV에서 광고효과는 이벤트형 광고가 가장 높으며, 일반노출형 광고가 가장 낮음을 알 수 있다.

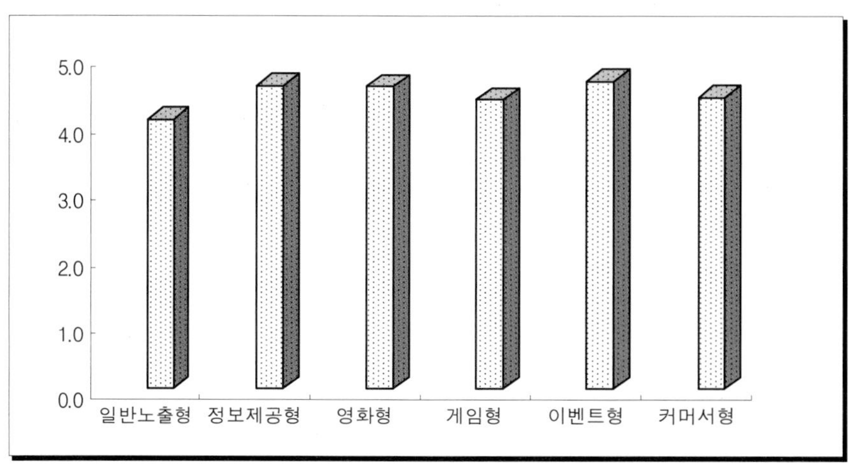

〈그림 26〉 Digital CATV에서의 광고유형별 광고효과 차이

2) Digital CATV에서의 성별에 따른 광고유형별 광고효과 차이

Digital CATV에서 수용자의 성별과 광고유형에 따라 광고효과에 대해 살펴본 결과는 <표 35>, <표 36>과 같다.

<표 35>에서 보는 바와 같이 남자 수용자와 여자 수용자 모두 다른 광고유형보다 일반노출형 광고의 광고효과가 낮았으며, 여자 수용자가 3.99로 남자 수용자 4.10보다 낮았다. 또한 남자 수용자와 여자 수용자 모두 다른 광고유형보다 이벤트형 광고의 광고효과가 높았으며, 남자 수용자가 4.68로 여자 수용자 4.57보다 높았다.

〈표 35〉 Digital CATV에서의 성별에 따른 광고유형별 광고효과 차이

구 분	남		여	
	M	SD	M	SD
일반노출형	4.10	0.94	3.99	0.99
정보제공형	4.61	0.99	4.49	1.02
영화형	4.55	0.97	4.52	0.96
게임형	4.42	1.11	4.27	1.17
이벤트형	4.68	1.09	4.57	1.24
커머스형	4.36	1.11	4.40	1.16

〈표 36〉 Digital CATV에서의 성별에 따른 광고유형별 광고효과 변량분석

구 분	DF	Sum of Squares	Mean Square	F	p
광고유형	5	48.335	9.667	25.583***	0.000
성별	1	2.072	2.072	0.419	0.518
광고유형*성별	5	1.364	0.273	0.722	0.607
잔 차	218	119.417	0.548		

*** p<.001

또한 광고유형과 성별이 광고효과에 미치는 영향을 알아보기 위해 변량분석을 실시한 결과는 <표 36>과 같이 광고유형의 주 효과가 p<.001 수준에서 통계적으로 유의미한 영향을 미쳤으며, 성별의 주 효과, 광고유형과 성별의 상호작용 효과는 통계적으로 유의미한 영향을 미치지 않았다. 따라서 Digital CATV에서 광고효과는 광고유형에 따라 차이가 있음을 알 수 있다.

3) Digital CATV에서의 연령에 따른 광고유형별 광고효과 차이

Digital CATV에서 수용자의 연령과 광고유형에 따른 광고효과에 대해 살펴본 결과는 <표 37>, <표 38>과 같다.

〈표 37〉 Digital CATV에서의 연령에 따른 광고유형별 광고효과 차이

구 분	20대 이하		30대		40대		50대 이상	
	M	SD	M	SD	M	SD	M	SD
일반노출형	3.93	0.90	4.11	0.96	4.03	1.08	4.13	0.87
정보제공형	4.43	0.91	4.61	0.99	4.56	1.17	4.65	0.90
영화형	4.51	0.95	4.57	0.92	4.51	1.02	4.56	0.99
게임형	4.18	1.27	4.30	1.06	4.44	1.18	4.56	0.97
이벤트형	4.58	1.21	4.71	1.13	4.50	1.27	4.76	0.94
커머스형	4.30	1.17	4.37	1.17	4.40	1.14	4.50	1.03

<표 37>에서 보는 바와 같이 20대 이하와 30대, 40대, 50대 이상 수용자 모두 다른 광고유형보다 일반노출형 광고의 광고효과가 낮았으며, 20대 이하 수용자가 3.93으로 가장 낮았다. 또한 20대 이하와 30대, 40대, 50대

이상 수용자 모두 다른 광고유형보다 이벤트형 광고의 광고효과가 높았으며, 50대 이상 수용자가 4.76으로 가장 높았다.

또한 광고유형과 연령이 광고효과에 미치는 영향을 알아보기 위해 변량분석을 실시한 결과는 <표 38>과 같이 광고유형의 주 효과가 p<.001 수준에서 통계적으로 유의미한 영향을 미쳤으며, 연령의 주 효과, 광고유형과 연령의 상호작용 효과는 통계적으로 유의미한 영향을 미치지 않았다. 따라서 Digital CATV에서 광고효과는 광고유형에 따라 차이가 있음을 알 수 있다.

〈표 38〉 Digital CATV에서의 연령에 따른 광고유형별 광고효과 변량분석

구 분	DF	Sum of Squares	Mean Square	F	p
광고유형	5	44.988	8.998	23.732***	0.000
연령	3	6.090	2.030	0.409	0.747
광고유형*연령	15	3.786	0.252	0.666	0.820
잔 차	216	119.493	0.553		

*** p<.001

4) Digital CATV에서의 직업에 따른 광고유형별 광고효과 차이

Digital CATV에서 수용자의 직업과 광고유형에 따라 광고효과에 대해 살펴본 결과는 <표 39>, <표 40>과 같다.

〈표 39〉 Digital CATV에서의 직업에 따른 광고유형별 광고효과 차이

구 분	전문직/전문기술직		공무원/기업체 회사원		주부		기타	
	M	SD	M	SD	M	SD	M	SD
일반노출형	3.94	1.13	4.17	0.89	3.96	0.86	3.99	1.02
정보제공형	4.62	1.05	4.58	0.93	4.49	1.00	4.52	1.10
영화형	4.48	1.05	4.54	0.86	4.48	0.92	4.59	1.07
게임형	4.10	1.26	4.42	1.04	4.33	1.04	4.41	1.24
이벤트형	4.26	1.50	4.70	0.95	4.54	1.07	4.78	1.22
커머스형	4.08	1.03	4.41	0.99	4.36	1.19	4.53	1.30

<표 39>에서 보는 바와 같이 전문직/전문기술직, 공무원/기업체 회사원,

주부, 기타 직업종사자 모두 다른 광고유형보다 일반노출형 광고의 광고효과가 낮았으며, 전문직/전문기술직 수용자가 3.94로 가장 낮았다. 또한 전문직/전문기술직, 공무원/기업체 회사원, 주부, 기타 직업종사자 모두 다른 광고유형보다 이벤트형 광고의 광고효과가 높았으며, 기타 직업 종사자가 4.78로 가장 높았다.

또한 광고유형과 직업이 광고효과에 미치는 영향을 알아보기 위해 변량분석을 실시한 결과는 <표 40>과 같이 광고유형의 주 효과가 p<.001 수준에서 통계적으로 유의미한 영향을 미쳤으며, 직업의 주 효과, 광고유형과 직업의 상호작용 효과는 통계적으로 유의미한 영향을 미치지 않았다. 따라서 Digital CATV에서 광고효과는 광고유형에 따라 차이가 있음을 알 수 있다.

〈표 40〉 Digital CATV에서의 직업에 따른 광고유형별 광고효과 변량분석

구 분	DF	Sum of Squares	Mean Square	F	p
광고유형	5	43.920	8.784	23.439***	0.000
직업	3	9.598	3.199	0.646	0.586
광고유형*직업	15	8.500	0.567	1.512	0.093
잔 차	216	114.037	0.528		

*** p<.001

5) Digital CATV에서의 소득에 따른 광고유형별 광고효과 차이

Digital CATV에서 수용자의 소득과 광고유형에 따른 광고효과에 대해 살펴본 결과는 <표 41>, <표 42>와 같다.

<표 41>에서 보는 바와 같이 300만 원 미만과 300만~400만 원 미만, 400만~500만 원 미만, 500만 원 이상 수용자 모두 다른 광고유형보다 일반노출형 광고의 광고효과가 낮았으며, 400만~500만 원 미만인 수용자가 3.82로 가장 낮았다. 또한 300만 원 미만과 300만~400만 원 미만, 400만~500만 원 미만, 500만 원 이상 수용자 모두 다른 광고유형보다 이벤트형 광고의 광고효과가 높았으며, 500만 원 이상인 수용자가 4.84로 가장 높았다.

〈표 41〉 Digital CATV에서의 소득에 따른 광고유형별 광고효과 차이

구 분	300만 원 미만		300~400만 원 미만		400~500만 원 미만		500만 원 이상	
	M	SD	M	SD	M	SD	M	SD
일반노출형	4.22	0.82	4.00	0.90	3.82	1.13	4.03	1.08
정보제공형	4.49	0.97	4.55	1.00	4.49	1.01	4.71	1.07
영화형	4.47	0.90	4.49	1.01	4.58	1.00	4.65	0.97
게임형	4.35	1.03	4.37	1.14	4.19	1.23	4.44	1.24
이벤트형	4.61	1.06	4.64	1.19	4.37	1.34	4.84	1.09
커머스형	4.36	1.15	4.42	1.26	4.22	1.00	4.50	1.06

또한 광고유형과 월소득이 광고효과에 미치는 영향을 알아보기 위해 변량분석을 실시한 결과는 <표 42>와 같이 광고유형의 주 효과가 p<.001 수준에서 통계적으로 유의미한 영향을 미쳤으며, 월소득의 주 효과, 광고유형과 월소득의 상호작용 효과는 통계적으로 유의미한 영향을 미치지 않았다. 따라서 Digital CATV에서 광고효과는 광고유형에 따라 차이가 있음을 알 수 있다.

〈표 42〉 Digital CATV에서의 소득에 따른 광고유형별 광고효과 변량분석

구 분	DF	Sum of Squares	Mean Square	F	p
광고유형	5	51.074	10.215	27.167***	0.000
월소득	3	8.098	2.699	0.545	0.652
광고유형*월소득	15	7.163	0.478	1.270	0.214
잔 차	216	118.322	0.548		

*** p<.001

6) Digital CATV 광고상품 특성에 따른 광고유형별 광고효과 차이

Digital CATV에서 광고상품 특성에 따라 광고유형별로 광고효과에 대해 살펴본 결과는 <표 43>과 같다.

<表 43> Digital CATV 광고상품 특성에 따른 광고유형별 광고효과 차이

구 분	고관여 제품		저관여 제품		t	p
	M	SD	M	SD		
정보제공형	5.04	1.27	4.65	1.56	2.85**	0.005
영화형	4.76	1.14	4.65	1.30	0.97	0.331
게임형	4.37	1.52	4.52	1.57	−0.99	0.324
이벤트형	4.75	1.42	4.94	1.61	−1.26	0.209
커머스형	4.06	1.50	4.40	1.57	−2.33*	0.020

* p<.05, ** p<.01

정보제공형 광고의 광고효과는 고관여 제품이 저관여 제품보다 높았으며, 통계적으로도 유의미한 차이를 보였다(t=2.85, p<.01). 영화형 광고의 광고효과는 고관여 제품이 저관여 제품보다 높았으나 유의미한 차이는 아니었다. 게임형과 이벤트형 광고의 광고효과는 저관여 제품이 고관여 제품보다 높았으나 통계적으로는 유의미한 차이를 보이지 않았다. 커머스형 광고의 광고효과는 저관여 제품이 고관여 제품보다 높았으며, 통계적으로도 유의미한 차이를 보였다(t=−2.33, p<.05).

이상에서 Digital CATV에서 광고상품 특성에 따라 광고유형별로 광고효과에 대해 살펴본 결과, 고관여 제품은 저관여 제품보다 정보제공형 광고에서 광고효과가 높으며, 저관여 제품은 고관여 제품보다 커머스형 광고에서 광고효과가 높음을 알 수 있다.

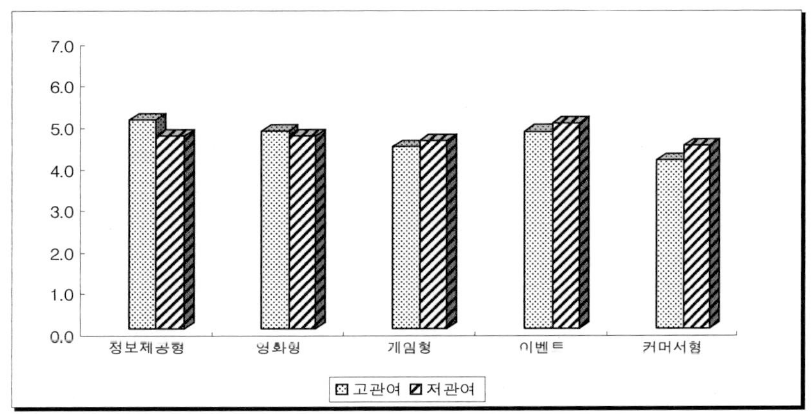

<그림 27> Digital CATV 광고상품 특성에 따른 광고유형별 광고효과 차이

마. IPTV와 Digital CATV 광고효과 비교

1) 매체별 광고유형에 따른 광고효과

IPTV와 Digital CATV에서 광고유형에 따른 광고효과를 살펴본 결과는 <표 44>와 같다.

<표 44>에서 보는 바와 같이 평균이 IPTV에서 이벤트형 광고가 4.98로 가장 높았고, 다음으로 IPTV에서 정보제공형 4.81, IPTV에서 영화형 광고 4.68, IPTV에서 커머스형 광고 4.63, Digital CATV에서 이벤트형 광고 4.62 순으로 나타났으며, Digital CATV에서 일반노출형 광고가 4.04로 가장 낮았고, 통계적으로도 유의미한 차이를 보였다(F = 13.06, p<.001).

〈표 44〉 IPTV와 Digital CATV 광고효과 비교

구 분		Mean	SD	F	P
IPTV	일반노출형	4.13	1.01		
	정보제공형	4.81	0.99		
	영화형	4.68	1.07		
	게임형	4.54	1.22		
	이벤트형	4.98	1.10		
	커머스형	4.63	1.23	13.06***	0.000
Digital CATV	일반노출형	4.04	0.97		
	정보제공형	4.55	1.01		
	영화형	4.53	0.96		
	게임형	4.35	1.14		
	이벤트형	4.62	1.16		
	커머스형	4.38	1.13		
전 체		4.52	1.11		

*** p<.001

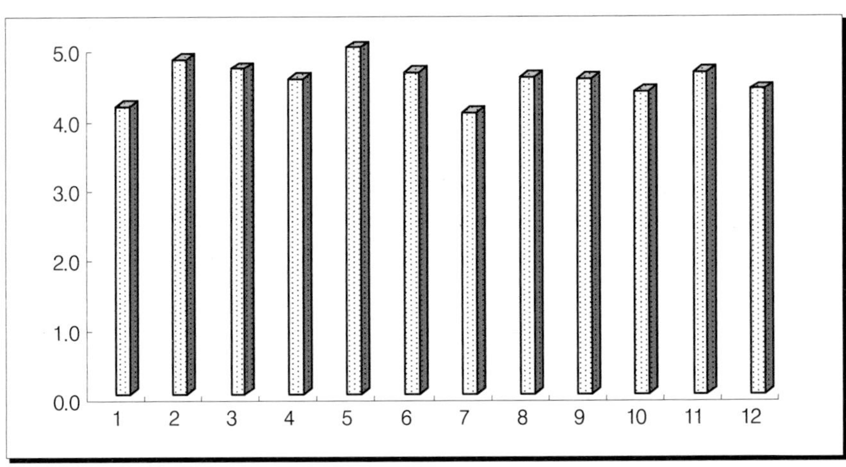

〈그림 28〉 IPTV와 Digital CATV 광고효과 비교

IPTV: 1. 일반노출형, 2. 정보제공형, 3. 영화형, 4. 게임형, 5. 이벤트형, 6. 커머스형. Digital
CATV: 7. 일반노출형, 8. 정보제공형, 9. 영화형, 10. 게임형, 11. 이벤트형, 12. 커머스형.

따라서 광고효과는 IPTV에서 이벤트형 광고가 가장 높으며, Digital CATV에서 일반노출형 광고가 가장 낮음을 알 수 있다.

2) 연령, 성별, 소득, 직업, 소비자 특성에 따른 매체별 광고효과

가) 성별에 따른 IPTV와 Digital CATV 광고효과 비교

수용자의 성별에 따라 IPTV와 Digital CATV의 광고효과에 대해 살펴본 결과는 <표 45>와 같다.

〈표 45〉 성별에 따른 IPTV와 Digital CATV 광고효과 비교

구 분	IPTV		Digital CATV	
	Mean	SD	Mean	SD
남	4.64	0.95	4.45	0.88
여	4.62	0.96	4.37	0.93

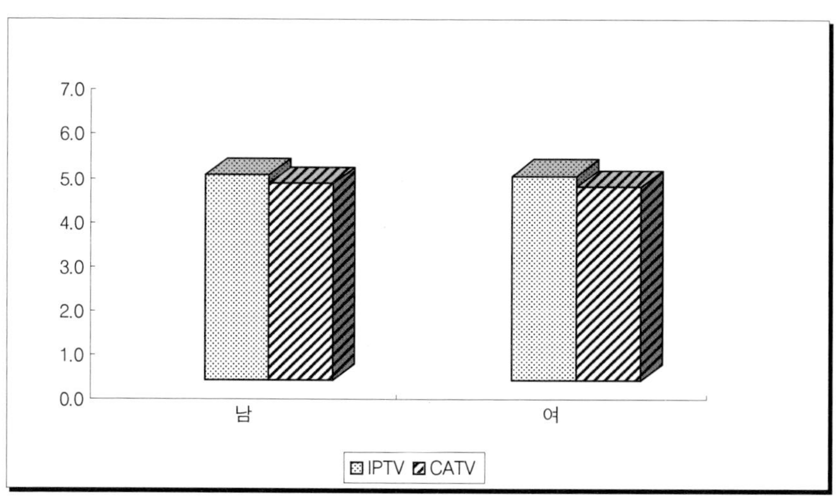

〈그림 29〉 성별에 따른 IPTV와 Digital CATV 광고효과 비교

<표 45>에서 보는 바와 같이 남자 수용자와 여자 수용자 모두 Digital CATV보다 IPTV가 광고효과가 높았다. 또한 IPTV를 수용하는 남자가 평균이 4.64로 광고효과가 높았으며, Digital CATV를 수용하는 여자가 평균이 4.37로 광고효과가 낮았다.

나) 연령에 따른 IPTV와 Digital CATV 광고효과 비교
수용자의 연령에 따라 IPTV와 Digital CATV의 광고효과에 대해 살펴본 결과는 <표 46>과 같다.

〈표 46〉 연령에 따른 IPTV와 Digital CATV 광고효과 비교

구 분	IPTV		Digital CATV	
	Mean	SD	Mean	SD
20대 이하	4.61	0.97	4.32	0.83
30대	4.66	0.91	4.44	0.90
40대	4.57	1.04	4.41	1.04
50대 이상	4.71	0.86	4.53	0.80

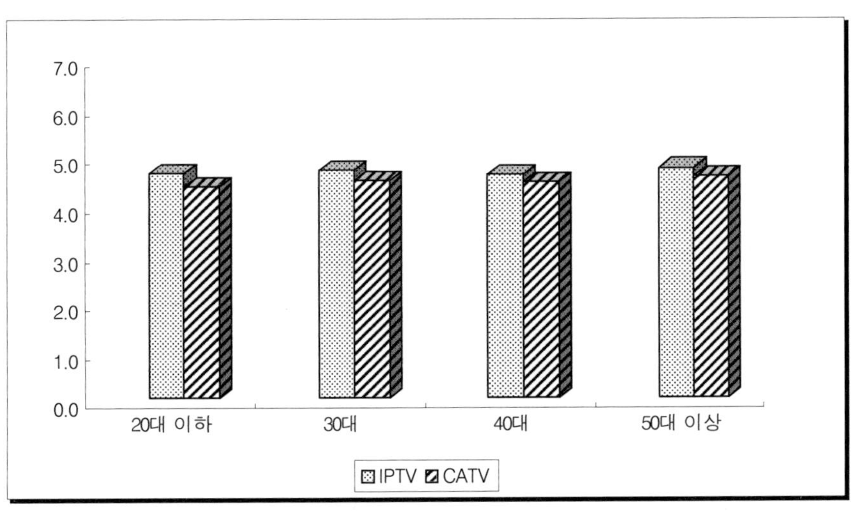

〈그림 30〉 연령에 따른 IPTV와 Digital CATV 광고효과 비교

<표 46>에서 보는 바와 같이 20대 이하, 30대, 40대, 50대 이상 모두 Digital CATV보다 IPTV 광고효과가 높았다. 또한 IPTV를 수용하는 50대 이상의 평균이 4.71로 광고효과가 가장 높았으며, Digital CATV를 수용하는 20대 이하의 평균이 4.32로 광고효과가 가장 낮았다.

다) 직업에 따른 IPTV와 Digital CATV 광고효과 비교

수용자의 직업에 따라 IPTV와 Digital CATV의 광고효과에 대해 살펴본 결과는 <표 47>과 같다.

〈표 47〉 직업에 따른 IPTV와 Digital CATV 광고효과 비교

구 분	IPTV		Digital CATV	
	Mean	SD	Mean	SD
전문직/전문기술직	4.46	1.07	4.25	0.96
공무원/기업체 회사원	4.64	0.95	4.47	0.81
주부	4.80	0.97	4.36	0.90
기타	4.60	0.83	4.47	0.99

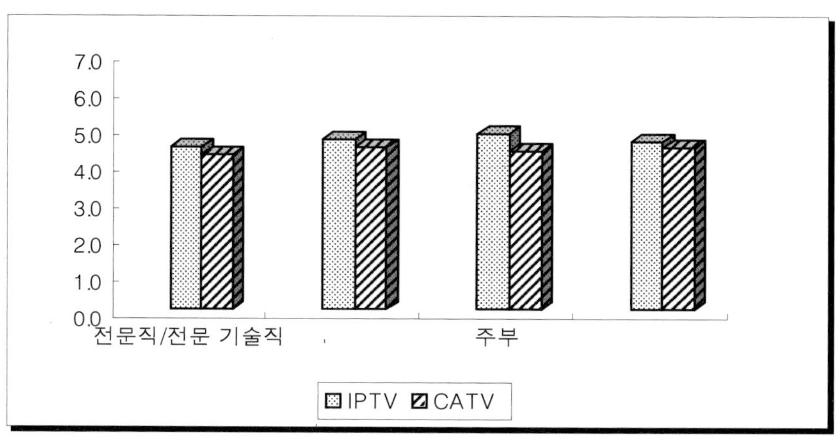

〈그림 31〉 직업에 따른 IPTV와 Digital CATV 광고효과 비교

<표 47>에서 보는 바와 같이 전문직/전문기술직. 공무원/기업체 회사원, 주부, 기타 직업에 종사하는 수용자 모두 Digital CATV보다 IPTV 광고효과가 높았다. 또한 IPTV를 수용하는 주부가 평균이 4.80으로 광고효과가 가장 높았으며, Digital CATV를 수용하는 전문직/전문기술직의 평균이 4.25로 광고효과가 가장 낮았다.

라) 소득에 따른 IPTV와 Digital CATV 광고효과 비교

수용자의 소득에 따라 IPTV와 Digital CATV의 광고효과에 대해 살펴본 결과는 <표 48>과 같다.

〈표 48〉 소득에 따른 IPTV와 Digital CATV 광고효과 비교

구 분	IPTV		Digital CATV	
	Mean	SD	Mean	SD
300만 원 미만	4.50	1.08	4.42	0.88
300~400만 원 미만	4.54	0.82	4.41	0.95
400~500만 원 미만	4.68	0.89	4.28	0.90
500만 원 이상	4.78	1.00	4.53	0.92

<표 48>에서 보는 바와 같이 300만 원 미만과 300만~400만 원 미만,

400만~500만 원 미만, 500만 원 이상 모두 Digital CATV보다 IPTV 광고효과가 높았다. 또한 IPTV를 수용하는 500만 원 이상이 평균 4.78로 광고효과가 가장 높았으며, Digital CATV를 수용하는 400만~500만 원의 평균이 4.28로 광고효과가 가장 낮았다.

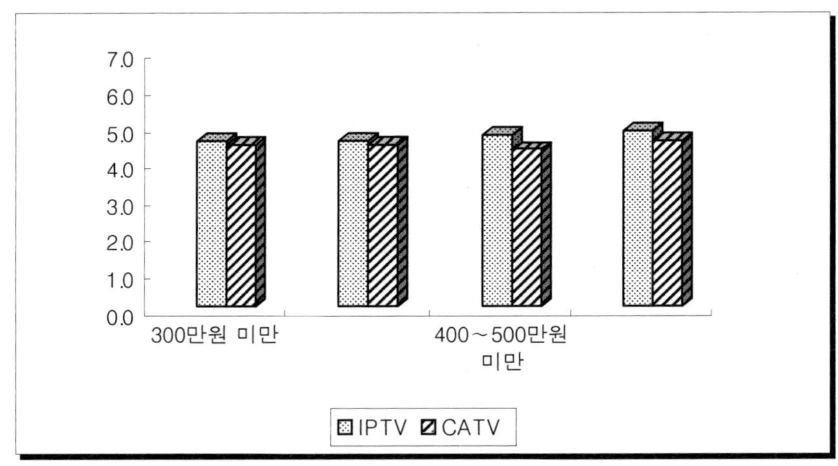

〈그림 32〉 소득에 따른 IPTV와 Digital CATV 광고효과 비교

바. IPTV 및 Digital CATV 가입자 심층면접 결과

1) IPTV 가입자 심층면접 결과

가) IPTV 광고와 일반 TV 광고의 차이점

Q1. IPTV 광고가 기존 일반 TV 광고와 어떤 차이가 있다고 보십니까?

일반 TV 광고보다 광고내용 면에서 구체적이고 선명한 입체감을 제공하고 제품에 대해서 알고 싶은 정보를 골라서 추가 정보를 볼 수 있는 것이 차이점이라고 생각했으나 차이를 잘 모르겠다고 한 답변이 남성과 여성에게서 고르게 나왔다.

IPTV의 광고가 아직 수용자들에게 인식되기에는 시간이 필요함을 알 수 있다.

나) IPTV 광고 시 기대하는 점

Q2. IPTV 광고 시청자를 위해 제공되었으면 하고 기대하는 점은?

광고가 흥미 있고 관심을 끌어야 하며 광고제품에 대한 실제적 정보를 구체적으로 보여 줄 수 있어야 하고 IPTV 광고에서 소비자에게 어필하기 쉬운 광고기법이 필요하겠다. 식품이나 음료와 같은 것은 성분에 대해서 알려 주면 유익할 것이다. IPTV 광고에서 다양한 혜택이나 포인트 부여를 받을 수 있는 이점이 있으면 좋겠고 광고에서 나오는 상품과 관련하여 판매자와 실시간으로 상담이 가능하면 좋겠다. 광고 중 제품과 관련하여 구매자들의 사용후기도 볼 수 있으면 하는 의견도 나왔다. IPTV 광고를 시청하는 수용자들은 IPTV 광고와 관련하여 기존의 홈쇼핑 TV나 인터넷 쇼핑몰에서의 쇼핑경험과 구매의 편리성을 IPTV 광고에서 장점을 취해 편리성과 구매자의 이익을 높여 주는 방향으로 서비스를 기대하는 것으로 보인다.

다) 양방향광고 시 고려할 사항

Q3. 양방향광고가 가능하기 위해 개선하거나 고려해야 할 점은 무엇인가?
(방송사/상품판매사/광고업계/정부정책 등)

지나치게 과장되어 보이는 광고는 거부감을 준다. 고객이 원하는 수준을 잘 파악해서 광고를 해야 한다. (방송사/상품판매사)

상품의 성격에 따라 차별화 전략이 필요하다고 본다. 예를 들면 음료 광고는 이미지와 친숙함을 느낄 수 있는 광고가 되면 좋겠다. (상품판매사/광고업계)

이벤트의 참여나 제품의 구매에 있어서 개인신상정보 보호 및 구매를 위한 회원 가입 등 절차가 복잡하지 않아야 한다. (광고업계/정부정책)

IPTV 방송에 맞는 IPTV를 위한 광고를 새롭게 제작해 주었으면 한다. (광고업계)

간접비교보다는 제품에 대한 직접비교가 가능하도록 해서 소비자가 직접 판단하게 하면 좋겠다. (정부정책)

IPTV 방송의 장점을 활용해 제품에 대한 자세한 설명과 다양한 이벤트가

제공되었으면 한다. (광고업계)

수용자들은 IPTV 양방향성의 특성을 활용하여 양방향광고의 특성을 살려서 광고를 서비스하되 개인정보 보호나 거래의 안전성과 거래의 편리성을 동시에 원하는 것을 알 수 있다.

라) 양방향광고의 유형과 제품에 따른 수용태도 및 광고효과 조사

자동차 광고를 일반노출형 광고, 정보제공형 광고, 영화형 광고, 게임형 광고, 이벤트형 광고, 커머스형 광고로 구분하여 20명의 IPTV 가입자에게 심층면접을 통하여 조사하였다.

일반노출형 자동차 광고에 대한 반응은 흔한 광고라 별 느낌이 없다는 것이 대부분의 의견이었다.

영화형 자동차 광고에 대한 반응은 영화형식이라 흥미를 유발할 것이라는 반응과 제품에 대한 이미지가 좋아지리라는 의견이 있었다.

게임형 자동차 광고에 대한 반응은 흥미를 유발하고 광고에 집중할 수도 있겠지만 가족이 공동 시청하는 경우에는 게임을 하기 곤란할 것이며, 게임을 통해서 제품에 대한 인지도가 높아질 수는 있으나 구매로의 연결은 힘들다는 의견이 있었다.

이벤트형 자동차 광고는 흥미를 유발하고 광고에 대한 집중도를 높일 수 있다고 생각하며 혜택이 주어진다면 참여해 볼 것 같고, 브랜드나 광고에 대한 기억은 확실하게 할 것 같으나 이벤트 참여 절차가 까다로우면 오히려 부정적일 수 있겠다는 의견이다.

커머스형 자동차 광고는 기존에 볼 수 없었던 바로 구매에 대한 것이 호감이 갈 수 있으나 자동차 제품은 고가제품이고 고관여 제품이라 바로 구입하는 것은 보통 가정에서는 어려울 것 같으므로 단지 구매신청을 해서 방문상담을 받아 보는 것은 가능한 방법으로 생각했다.

음료 광고를 일반노출형 광고, 정보제공형 광고, 영화형 광고, 게임형 광고, 이벤트형 광고, 커머스형 광고로 구분하여 20명의 IPTV 가입자에게 심층면접을 통하여 조사하였다.

일반노출형 음료 광고에 대한 반응은 별반 새로울 것이 없다는 것이 지배적이다.

정보제공형 음료 광고에 대한 반응은 통상적으로 마시는 음료에 대해서 추가 정보는 필요치 않다고 느끼는 수용자도 있었고 음료보다는 오히려 건강식품이나 다이어트, 여행, 금융상품의 경우에는 추가 정보가 제공되는 것이 필요하다는 의견이 있었다.

영화형 음료 광고는 흥미 유발과 호감을 가지는 데 도움이 될 것이라고 했고 스토리가 재미있을 경우 구전효과를 기대할 수 있다는 의견도 있었다. 그러나 구매연결과는 거리가 있다는 반응이다.

게임형 음료 광고는 광고제품에 대한 집중도가 높아질 수는 있으나 게임을 즐기는 젊은 층 외에는 그냥 TV를 시청하기를 선호한다는 의견이다.

이벤트형 음료 광고는 혜택이 있다면 한 번 참여해 보겠다는 것이 지배적 의견이다. 이벤트에 대한 참여율을 높이는 것은 바로 당첨 여부를 알 수 있게 하는 것이 좋은 방법이라는 의견과 이벤트 참여자 모두에게 선물을 주면 좋을 것 같다는 의견이 나왔다.

커머스형 음료 광고는 음료를 마시고 싶다면 광고를 통해서 구매하는 것보다 직접 매장에 가서 사 마시겠다는 의견이 있었고 만약에 커머스 광고를 통해서 구입할 수 있을 것 같은 제품광고는 화장품 세트, 미용제품, 가구, 여행상품, 스포츠 용품, 책 등이라는 의견이 있었다.

조사를 통해서 알 수 있는 사실은 제품의 특성과 고관여 제품인가 저관여 제품인가에 따라서 광고 유형과 채널을 성격에 맞게 가져가는 것이 필요하다는 것을 알 수 있다.

2) Digital CATV 가입자 심층면접 결과

가) Digital CATV 광고와 일반 TV 광고의 차이점

Q1. Digital CATV 광고가 기존광고와 어떤 차이가 있나?

고화질이고 길고 다양한 광고에서 많은 정보를 얻을 수 있다.

연속광고는 광고에 대한 기억이 오래 남는다.

나) Digital CATV 광고 시 기대하는 점

Q2. Digital CATV 광고 시청자를 위해 제공되었으면 하고 기대하는 점은?

제품의 성분에 대한 정보가 주어졌으면 하고 객관적인 입장에서 가격비교나 타 제품과의 기능비교를 해 주었으면 한다.

광고의 이벤트를 통해서 제품 구매 시 소비자에게 즉석에서 혜택을 줄 수 있는 아이템이 있었으면 한다.

양방향광고를 이용하면 해당 제품을 구매한 시청자의 숫자나 제품의 만족도를 볼 수 있으면 한다.

다) 양방향광고 시 고려할 사항

Q3. 양방향광고가 가능하기 위해서 고려해야 할 점은?

(방송사/상품판매사/광고업계/정부정책)

광고를 통하여 구매가 이루어질 경우 쇼핑 중독이 일어나고 불필요한 소비가 증가되는 현상이 있을 수 있다. (정부정책)

다양한 형태의 광고가 시청자에게 제공될 수 있도록 정부가 디지털방송 보급에 힘써야 할 것이다. (정부정책)

제품의 질이 중요하고 과대광고를 하지 않는 것이 중요하다. (상품판매사, 방송사)

광고를 통해서 비싼 제품을 구입할 경우 충동구매로 피해자가 생길 수 있으므로 환불이나 보상정책을 충분히 갖추는 것이 필요하다. (상품판매사, 정부정책)

과자나 식품의 경우에는 제조과정, 원산지, 안전성 등 실제적인 정보를 소비자에게 제공해 주었으면 한다. (상품판매사, 광고업계)

라) 양방향광고의 유형과 제품에 따른 수용태도 및 광고효과 조사

자동차 광고를 일반노출형 광고, 정보제공형 광고, 영화형 광고, 게임형

광고, 이벤트형 광고, 커머스형 광고로 구분하여 20명의 Digital CATV 가입자에게 심층면접을 통하여 조사하였다.

일반노출형 자동차 광고에 대한 반응은 평범하고 혜택이 없다는 것이 지배적이다.

정보제공형 자동차 광고에 대한 반응은 시간을 내서 대리점에 가지 않아도 광고에서 자동차 정보를 볼 수 있다는 것이 장점이라고 생각한다. 그러나 정보 제공을 이용할 수 있으나 구입과는 큰 차이가 있다.

영화형 자동차 광고는 흥미 유발과 호감을 가지는 데 도움이 될 것이라는 의견과 시리즈로 구성될 경우 관심이 높아질 것이라는 의견이다. 그러나 구매 연결과는 거리가 있다는 반응이다.

게임형 자동차 광고는 광고제품에 대한 집중도가 높아질 수는 있으나 독신들은 게임을 즐기겠지만 가족과 함께 시청할 때는 그냥 넘어갈 것 같다. 그러나 게임 참여 시 광고에 대한 기억이 오래 남을 수 있을 것이다.

이벤트형 자동차 광고는 이벤트에 바로 응모할 수 있다면 이벤트 당첨에 대한 기대가 높아질 것 같다. 이벤트의 강도가 약할 경우 참여 의지가 낮아질 수 있다.

커머스형 자동차 광고는 특별히 할인된 가격이라면 구입할 수도 있을 것 같다는 의견도 있었으나 고가의 제품이고 고관여도 제품인 관계로 인해서 충분히 다른 곳을 통해 정보를 수집하고 사겠다는 의견이 지배적이다.

음료 광고를 일반노출형 광고, 정보제공형 광고, 영화형 광고, 게임형 광고, 이벤트형 광고, 커머스형 광고로 구분하여 20명의 Digital CATV 가입자에게 심층면접을 통하여 조사하였다.

일반노출형 음료 광고에 대한 반응은 일반광고에 대해서 특별한 관심이나 호감이 없다는 반응이다.

정보제공형 음료 광고에 대한 반응은 가격이나 성분을 알 수 있어서 좋다는 의견도 있으나 통상적으로 마시는 음료는 별도의 필요성을 느끼지 못한다는 반응도 있었다.

영화형 음료 광고는 스토리를 재미있게 한다면 호감이 갈 것이다. 제품보

다는 스토리가 중심일 것 같으니 제품보다 스토리에 더 관심을 가지고 기다

릴 것 같다.

게임형 음료 광고는 게임은 한 번쯤은 해볼 수 있겠으나 지속적이지 않을

수 있다. 제품에 대한 관심이 게임으로 인해 관심이 분산될 수도 있다. 게임

이용자에게만 한정적으로 어필할 것이다.

이벤트형 음료 광고는 간편하게 응모에 참여할 수 있도록 하는 것이 필요

하다는 의견과 참여 시 흥미 유발과 참여의 즐거움을 누릴 수 있도록 당첨

확률을 높이는 것이 필요하다는 의견이다. 이벤트를 통해서 제품에 대한 인

지가 높아질 것 같다.

커머스형 음료 광고는 가볍게 마실 수 있는 차와 마찬가지로 특별한 가격

에 부담 없이 저렴하게 구입할 수 있다면 구매해 볼 수도 있겠다.

하지만 음료는 일반적으로 저가의 제품이며 저관여도 제품이므로 광고를

통한 구매보다는 슈퍼 같은 곳에서 구매를 할 것이다.

사. 시청자 입장의 양방향방송광고 제도보완 사항

본 연구조사를 통하여 시청자 입장에서의 양방향방송광고 제도보완 사항으로

다음과 같은 의견이 있는 것이 파악되었다.

광고와 관련하여서는 허위·과대·과장 광고 금지와 선정적 광고가 되지

않았으면 하는 의견과 일방적인 단방향방송광고가 아닌 양방향방송광고를

원했다. 자동차와 같은 고가의 제품도 구매하기 편하도록 해 주었으면 한다

는 의견이 있었다.

양방향방송광고의 광고형식에 대한 의견은 양방향의 특성과 흥미를 살릴

수 있도록 게임이나 이벤트성 형식의 광고 제공을 선호했으며 이벤트 시 경

품규모 제한 등을 없애 소비자가 더 큰 유인을 받을 수 있도록 해야 할 것

이라는 의견이 있었다.

양방향방송광고를 활성화하기 위해서 정부의 역할은 규제보다는 유연한

지원 정책이 필요하다는 의견과 동시에 개인 정보 보안에 철저한 정부의 관리 감독이 있어야 한다는 응답이 있었고 양방향방송광고를 통해 구매했을 경우 배송상태나 결재방식, 결재현황 등을 알 수 있는 서비스의 개발이 필요하다는 의견이 있었다.

ⅣV 국내 양방향방송광고 제도 개선 제언

1. 양방향방송광고 관련 법제 현황

가. 방송통신 발전에 관한 기본법 현황

디지털 기술의 급속한 발달에 따라 법과 제도가 기술을 미처 따라가지 못하는 상황이 계속되고 있다. 지상파 방송만 있던 시절에는 방송법만으로 충분했지만, 케이블 TV가 나타나는 상황이 되자 1991년 종합유선방송법이 만들어졌다. 또 그 법에 따라 1992년 종합유선방송위원회가 출범했다.

위성방송이 출범하자 2000년 기존의 방송법과 종합유선방송법 등을 합치고 위성TV 관련 법조항을 넣어서 통합방송법을 출범시켰다. 이에 따라 종합유선방송위원회는 방송위원회와 통합됐다.

개방망을 통한 인터넷방송과 달리 폐쇄망을 통한 IPTV의 출현은 새로운 논란을 불러일으켰다. 즉 IPTV를 방송법상 종합유선방송 사업으로 볼 것인가, 또 종합유선방송사업과 동일한 규제를 적용할 것인가 등에 대한 논란이다. IPTV가 미래의 미디어 형태를 선도할 것이라는 것에는 많은 이들이 동의하고 있다. 인터넷 멀티미디어 방송사업법(IPTV법)의 국회 본회의 통과로 2008년은 방송통신 융합의 원년이 될 것이다.

변화를 받아들이는 주체와 방식에 따라 그 속도에 차이는 나겠지만 이제 방송과 통신은 그 경계선이 급속도로 허물어지고 있다. 이에 따라 방송통신위원회는 디지털 융합시대에 대응하기 위한 통합법 제정을 추진하고 있다. 가칭 '방송통신발전에 관한 기본법'이며 현재 구체적인 법안을 부처 간 협의를 통해 준비 중이다. 이처럼 방송과 통신의 융합은 법적인 차원에서도 융합을 낳고 있다.

새 법에서는 방송과 통신으로 이원화돼 있는 개념이 '방송통신'이라는 포괄적 정의를 바탕으로 새롭게 정의되며, 특히 연간 6,000억 원 규모를 운영할 수 있는 '방송통신발전기금 설치' 근거가 마련된다. 통신과 방송사업자에 대한 동일한 규제 정책이 펼쳐지는 것은 물론 방통산업육성과 기술 진흥도 본격화될 전망이다.

방송통신위원회는 기존 방송법, 전기통신기본법, 정보화촉진기본법 등에 분산돼 있던 방송통신의 기본적 사항들을 통합, 재구성한 '(가칭)방송통신발전에 관한 기본법(이하 기본법)' 제정안을 마련하고 입법예고 등 제정 절차를 추진하고 있다. 방송과 통신의 융합현상에 따라 방송통신위원회가 출범했지만 규제체계는 여전히 방송과 통신이 엄격히 구분돼 있어 서로 다른 잣대에 의해 규제를 받는 모순이 발생하고 있다. 단순히 법 개수를 줄이는 것이 아닌 사업 분류, 인허가, 소유겸영 등을 가능한 동일하게 규정하는 새로운 통합법을 만들 필요성이 제기된 것이다.

방송통신발전에 관한 기본법 제정안은 총칙, 방송통신 발전, 진흥 및 인력양성, 방송통신발전기금, 기술기준, 재난관리, 보칙 등 전문 7장 54조, 부칙 10조로 구성됐다. 기본법(안)에서는 우선 '방송통신'을 "유선, 무선, 광선 및 기타 전자적 방식에 의해 방송통신 콘텐츠를 송신하거나 수신하기 위한 일련의 활동과 수단"으로 정의했으며, 앞으로 새롭게 등장하는 방송통신 기술이나 서비스를 포괄할 수 있도록 했다. 기본법(안)의 핵심 내용은 총칙(1장)을 통해 방송통신을 재정의하고, 방송통신 관련 권익 보호, 이용자 편익 증대 등의 기본 원칙을 규정했다. 이는 동일서비스, 동일규제라는 '수평적 규제체계'의 기본 원칙을 규정한 셈이다.

이 밖에 방송통신 기본계획을 수립하고, 경제 활성화를 도모하며, 방송통신콘텐츠 진흥 등의 내용을 규정한 '방송통신의 발전(2장)'을 비롯해 방송통신기술 진흥 및 인력양성(3장), 방송통신발전기금(4장), 방송통신 기술기준(5장), 방송통신 재난관리(6장) 등으로 구성됐다.

기본법이 제정되면 방송통신위원회는 본격적으로 방송통신 산업육성과 진흥 정책에 총력을 기울일 전망이다. 법 제정으로 방송발전기금과 통신사업자의 출연금, 주파수 할당대가, 전파사용료 등을 재원으로 하는 통합된 '방송통신발전 기금'이 설치된다. 연간 방송발전기금은 2,500억~3,000억 원, 통신사업자들이 내는 연간 출연금 등의 기존 기금이 4,000억~4,500억 원 규모라고 할 때 법이 제정되면 연간 6,000억 원 규모의 재원을 확보하게 된다.

나. 양방향방송광고의 법규 현황

1) 데이터방송 법규 현황

현재 방송법에서는 데이터 방송을 "방송사업자의 채널을 이용하여 데이터(문자·숫자·도형·도표·이미지 그 밖의 정보체계를 말한다)를 위주로 하여 이에 따르는 영상·음성·음향 및 이들의 조합으로 이루어진 방송프로그램을 송신하는 방송"(법 제2조 제1호 다목)으로 규정하고 있다. 데이터 방송은 방송이 양방향 서비스의 성격을 띠지만 불특정 다수에게 전달되는 방송프로그램과 연관된다는 점에 초점을 둔 규정이라고 볼 수 있다. 따라서 데이터 방송과 이에 속하는 양방향 TV 광고는 방송이라는 공익적 테두리 내에서 규정되고 있음을 알 수 있다. 전파법 시행령에서는 데이터 방송을 "데이터와 이에 따르는 영상·음성·음향 등을 보내는 방송"(전파법 시행령 제2조 제1항 11)으로 규정하고 있다.

2) 양방향방송광고 법규 현황

방송법상 양방향광고에 대한 규제의 특징은 데이터방송과 동일하게 공익적 관점에서 시청자 보호와 권익 향상을 우선시하고 있다.

첫째, 데이터방송의 광고를 사전 심의 대상으로 보고 있다. 현행 방송법에서는 방송이 되기 전에 그 내용을 심의하여 방송 심의 여부를 판단할 수 있으며(방송법 제 32조제2항14), 데이터 방송광고도 동영상이나 음성이 포함되면 방송광고로 보아 사전심의를 받아야 한다고 규정되어 있다(방송법 시행령 제 21조의 2).

둘째, 양방향광고의 화면 구성에 대한 문제이다. 우선 양방향광고의 최초 화면에는 광고를 할 수 없게 규정되어 있다. 시행령 제 59조(방송광고)에서는 방송사업자가 데이터 방송 채널을 안내하고 선택할 수 있도록 구성하는 최초 화면(이하 최초 화면)에서는 방송광고를 할 수 없다고 정의하고 있다(제 59조2항3의 가목). 최초 화면의 광고 금지는 해외에서 찾아볼 수 없는 드문 규제이다. 영국의 경우 첫 번째 클릭에서 곧바로 광고로 연결하는 것은 금지하고 있지만 배너 광고 등은 허용되고 있다. 대부분 최초 화면은 데이터 방송 서비스로 진입하는 관문 구실을 하기 때문에 이용자들이 가장 많이 찾는 화면이다. 또 디지털방송 안내 채널인 EPG를 최초 화면으로 설정할 수 있는데, 이곳에 광고를 금지하는 것은 가장 주목도가 높은 신문의 1면에 광고를 하지 말라는 것과 유사하다. 해외사례에서도 EPG의 좌우 상단에 배너 광고는 물론, 간단한 동영상 광고를 하고 있는 것을 알 수 있다.

이어서, 1차 화면에서는 광고를 할 수 있지만, 동영상과 음성을 포함하는 광고를 금지하며, 광고의 크기도 전체 화면의 1/4로 제한하고 있다(제 59조2항4의 나목).

광고물을 만들고 방송하는 주체가 노출 시간을 결정하는 방송법시행령 제 59조 (방송광고) 4. 데이터 방송 채널의 경우<신설 2004.9.17>, "가. 방송사업자가 데이터방송 채널을 안내하고 선택할 수 있도록 구성하는 최초 화면(이하 이 항에서 '최초 화면'이라 한다)에서는 방송광고를 할 수 없다. 나. 당해 데이터 방송 채널의 1차 화면(최초 화면상의 데이터방송채널 접속을 통하여 이동한 당해 데이터 방송 채널의 초기 화면을 말한다. 이하 이 항에서 '1차 화면'이라 한다)에서 행하는 방송광고는 동영상과 음성을 포함하여서는 아니 되며, 방송광고 크기는 전체 화면의 4분의 1(지상파 이동 멀티미디어 방송사업자·위성이동멀티미디어방송사업자·지상파 이동 멀티미디어 방송채널 사용사업자 및 위성 이동 멀티미디어 방송채널 사용 사업자의 경우에는 3분의 1)을 초과할 수 없다. 다. 2차 화면(1차 화면의 접속을 통하여 이동하는 화면을 말한다) 이후 제공되는 동영상 및 음성이 포함된 각 데이터방송광고물의 방송시간은 10분을 초과할 수 없다.”

셋째, 공익광고의 의무 방영비율은 전체 방송 내용물의 1/100의 범위 안에서 방통위원회가 고시하는 비율 이상 편성하도록 하고 있다(방송법시행령 59조3항의118). 이는 방송법 제 73조 4항 19)의 규정에 따른 방송법 시행령 제59조제 3항 “방송사업자 및 전광판 방송사업자는 법 제 73조 제 4항의 규정에 의하여 비상업적 공익광고를 다음 각 호에서 정하는 비율 이상 편성하여야 한다. 다만, 방송의 내용이 대부분 공익적인 내용인 채널로서 방송통신위원회가 고시하는 채널의 경우에는 그러하지 아니하다.<개정 2007.8.7>”고 규정하고 있다.

넷째, 현행 방송법에서 규정하고 있는 양방향광고는 다양한 규제가 존재하지만 IPTV법에서는 이와 같은 규제가 거의 다루어지고 있지 않다는 점에서 매체 간 불공정 경쟁 환경이 조성될 우려가 있다. 현행 IPTV 특별법에는 데이터방송에 대한 정확한 규정 대신 ‘인터넷 멀티미디어 방송 콘텐츠 사업자’의 범위 안에 포함되는 것으로 간주되어 규제가 거의 없고, 따라서 양방향방송광고에 대한 규제는 완전히 부재한 상황이다.

2. 양방향방송광고 활성화를 위한 제언

가. 양방향방송광고 관련 법제적 측면의 제언

본 연구 조사결과에 의하면 소비자는 디지털 TV를 통해 보다 양질의 프로그램과 광고 서비스가 제공될 것을 기대하고 있다. 이에 부응하는 것은 무엇보다 시청자가 참여하는 양방향방송 서비스일 것이다. 양방향방송 서비스로 보다 좋은 프로그램이 제공되기 위해서는 양방향방송광고 규제를 완화하여 양방향방송광고 시장이 활성화되도록 해 주어야 한다. 이와 함께 소비자 개인정보 보호 등의 안전대책이 마련되어야 한다.

방송통신위원회는 데이터방송 광고규제를 합리적으로 완화함으로써 데이터방송의 활성화와 양방향방송광고 활성화를 촉진시키겠다는 입장을 밝혔다.

주요 내용으로는 데이터방송채널(전용 데이터방송)과 TV 방송채널 프로그램(연동형 데이터방송)에 부가되는 데이터 방송에서 최초 화면의 광고를 금지했던 현재의 규정에서 데이터방송채널(전용 데이터방송)의 최초 화면의 1/4 이내에서는 자막광고를 허용하지만, TV 방송채널 프로그램(연동형 데이터방송)에 부가되는 데이터방송의 최초 화면에서는 여전히 광고를 금지하기로 했다. 1차 화면에서는 자막광고를 화면의 1/4 이내에서 허용하고, 동영상·음성광고를 금지시켰던 기존의 규정을 1차 화면 이후 방송광고는 화면의 1/3 이내, 동영상·음성광고는 10분 이내로 시행할 수 있는 방안을 마련했다. 셋째, 2차 화면 이후에는 동영상·음성광고를 10분 이내로 방영하도록 규정했지만 개정안에서는 1차 화면 이후 방송광고임을 표시 또는 고지함으로써 시청자가 인지할 수 있는 경우에는 예외로 하였다.

방송통신위원회의 양방향방송광고 규제완화책도 나름대로 의미가 있다. 하지만 양방향방송광고를 활성화하기 위한 법제적인 제언을 하면 다음과 같다.

첫째, 데이터 방송의 첫 화면에 배너 등 일반 광고를 허용하여야 한다. 데이터방송에서 자막광고뿐 아니라 일정 사이즈 이하의 배너와 동영상광고 등이 허용될 필요가 있다.

둘째, 1차 화면에 음성이나 동영상 광고를 금지하고 광고의 크기를 제한하는 것을 완화할 필요가 있다. 인터넷 배너 광고가 정적인 형태에서 동적인 형태로 발전했듯이 데이터방송에서 배너 광고의 일부 영역에 동영상을 구동하는 것은 매우 보편적인 표현 수단이 되었다는 것을 간과한 조치이다. 또한 양방향방송광고는 시청자에게 시청권이 넘어가기에 광고시간의 규제는 무의미하다. 또한 1차 화면, 2차 화면의 구분이 기술적 발전이나 사업자의 대응으로 유명무실해질 수 있다. 즉 최초 화면에서 형식적인 1차 화면에 잠깐 전환했다가 자동으로 2차 화면으로 전환할 경우, 그것이 1차 화면인지 2차 화면인지 논란의 여지가 있기 때문이다. 2차 화면 이후에는 동영상이나 음성이 포함된 광고를 방영할 수 있게 하였으나 각 데이터 방송광고물의 방송시간을 10분 이하로 규정하고 있다(방송법시행령 제 59조 제 2항 제 4호의 다목). 즉 광고의 길이가 지나치게 긴 것을 금지하여 데이터 방송의 광고가 인포머셜이나 유사 홈쇼핑화하는 것을 방지하고 있다. 그러나 양방향방송광고는 시청자가 선택하여 능동적으로 이용하는 것으로, 시청자가 광고에 노출되는 것이 아니다. 방송광고 이용시간의 통제권을 시청자가 가지므로 시간 제한은 지나친 규제라고 본다.

셋째, 공익광고 의무방영 조항은 유료방송에는 적용이 완화되어야 한다. 공익광고의 의무 방영 조항을 데이터 방송에도 적용한 것으로 일반적인 방송채널이 전체 방송시간을 기준으로 한 반면, 데이터 방송은 시간대 편성을 하지 않기 때문에 전체 방송 내용물을 기준으로 하고 있다. 그러나 공익광고의 편성 비율을 데이터 방송에 적용하는 것은 데이터 방송의 본질을 이해하지 못한 규제라고 볼 수 있다. 데이터 방송의 콘텐츠는 시청자가 능동적으로 선택해 이용하는 유료방송이다. 텔레비전이나 라디오 방송처럼 강제적으로 노출되지 않는 상황에서 공익광고의 의무 편성을 강제하는 것은 의미가 없다.

방송과 통신의 융합에 따른 다매체 다채널 시대로 접어들면서 전파의 희소성에 근거한 방송산업 규제는 점차 그 정당성을 잃어 가고 있다. 광고의 규제 중심에서 산업 경쟁력 강화로 관점을 전환할 필요성이 있다. 양방향방송광고를 규제하기보다는 양방향방송광고 대상을 제정하여 바람직한 방향으로 이끌어 줄 필요가 있다.

넷째, 양방향방송광고가 적용되는 양방향 매체에 동일한 규제를 적용하여야 한다. 현행 IPTV 특별법에는 데이터방송에 대한 정확한 규정 대신 '인터넷 멀티미디어 방송 콘텐츠 사업자'의 범위 안에 포함되는 것으로 간주되어 규제가 거의 없고, 따라서 양방향방송광고에 대한 규제는 완전히 부재한 상황이다. 어떤 플랫폼에 서비스를 제공하는가에 따라 관련 사업자들(DP, CP

등)의 규제내용이 달라 법을 지키는 사업자는 손해를 보고, 법이 없어 법적 용을 받지 않는 사업자는 이익을 보게 되는 상황은 법제도에 대한 형평성에 의문을 제기하게 한다. 이와 같은 비대칭 규제는 사업자의 입장에 따라 규제 중복 혹은 규제 공백의 문제를 일으켜 서로 다른 차원에서의 차별적인 규제를 적용받게 할 수 있다. IPTV 사업자만을 대상으로 하는 규제는 방송통신융합시장 교차경쟁구조에서 공정경쟁의 틀이 될 수 없다. 도리어 IPTV 사업법 및 시행령 제정 과정에서 나타난 바와 같이, IPTV 사업자에게 특혜 또는 차별이 되는 효과를 유발하게 된다.

양방향방송광고 규제의 대상이 플랫폼 사업자라는 점에서 현재의 비대칭 규제는 사업자 간 불공정 경쟁 환경을 조성할 뿐만 아니라 관련 사업자들이 사업을 수행하는 데 다양한 문제를 야기할 가능성이 있다는 점에서 개선이 요구된다.

다섯째, 마지막으로 양방향방송광고가 활성화되기 위해서는 플랫폼 사업자에 대한 규제를 완화해야 한다. 양방향방송광고는 광고를 방송하는 데 그치는 것이 아니라, 수신한 광고에 대한 시청자 반응을 기록하고 그것을 분석하는 응답 서버의 구축과 운영이 필요한 시스템이다. 현재와 같은 구도에서는 응답서버의 운용이 플랫폼 사업자의 투자에서 시작된다. 따라서 플랫폼 사업자가 데이터 방송 서비스를 구성, 운영하는 것을 도울 각종 지원책을 마련해야 한다. 또한 양방향방송광고는 방송사, 프로그램 제작사, 어플리케이션 개발사 이외에도 수신기 사업자, 응답 서버 관련 IT 사업자, T－Commerce 운영을 위한 결제 은행, 물류 사업자 등이 관계하게 된다. 이와 같이 각 사업자 간의 원활한 협업 시스템을 구축하는 것이야말로 양방향방송광고 시장의 성장을 위한 토대가 될 것이다.

나. 양방향방송광고 산업 활성화 측면의 제언

양방향방송광고는 단지 어느 한 부분의 노력으로 산업경쟁력이 강화될 수 있는 것이 아니다. 양방향방송광고 시장이 활성화되기 위해서는 다음과 같이 정부, 기업, 방송사, 광고회사, 학계 등의 노력이 결집되어야 한다.

첫째, 디지털 TV 방송의 활성화를 위하여 디지털 TV 방송의 양방향성을 강화시킬 수 있는 방향으로의 정부 정책 입안과 정책적인 지원이 필요하다. 디지털 TV 방송의 활성화는 양방향방송 서비스와 양방향방송광고의 활성화와 맥을 같이한다. 따라서 정부는 기존의 지상파 방송에 적용되었던 방송 관련 각종 규제를 방송과 통신이 융합된 디지털 TV 방송에서 양방향 서비스를 활성화할 수 있도록 수정하여야 할 것이다. 현재 정부는 디지털방송 산업을 차세대 주력산업으로 선정하고 지원을 집중하고 있다. 이것은 비단 모든 시스템을 디지털로 바꾸는 것에 그치지 않고 양방향 전문 프로그램이나 서비스, 광고를 개발하고 전문 인력도 양성하는 노력을 함께 해야 한다. 또한 양방향방송광고는 전문적인 지식과 기술이 요구되므로 양방향방송광고 전문 인력을 지속적으로 육성할 필요가 있다. 사람이 변해야 산업이 활성화될 수 있는 것이므로 양방향 전문 인력의 육성에는 정부의 노력이 함께 해야 한다. 또한 디지털 TV 방송 홍보와 교육 및 TV 단말기 보조금 등 디지털 TV 방송의 전 국민적 확산을 위한 정부 차원의 다양한 노력이 본격화되어야 할 것이다.

둘째, 국내 IPTV 업체와 디지털케이블방송업체는 무엇보다 다양한 유형의 양방향 서비스를 기대하는 시청자의 요구에 부응하는 노력을 경주해야 할 것이다. 특히 유료방송업계는 디지털 양방향방송에 걸맞은 다양한 채널과 양방향 서비스를 개발하여 소비자의 요구에 부합하여야 한다. IPTV사와 디지털케이블방송의 주요 수입원은 방송광고가 될 것이다.

본 연구 조사결과에서 알 수 있듯이 시청자는 시청자가 능동적으로 참여하는 양방향방송 서비스와 양방향방송광고를 기대하고 있다. 다양한 유형의 양방향 TV게임, 양방향 드라마, 양방향 영화, 양방향광고 서비스를 제공함으로써 성공적인 유료방송이 가능하게 될 것이다. 또한 광고주들의 호응을 얻어 내려면 광고효과 조사를 통해 양방향광고를 활성화할 수 있는 방안들이 제안되고 검증되어야 한다. 유료 방송사가 비효율적인 마찰을 줄이고 보다 양질의 프로그램을 제작하여 시청자들에게는 만족감을 주고 광고주들에게도 효율적인 광고매체가 될 수 있도록 하려면 기존의 방송 프로그램이나 방송광고와 다른 양방향방송 서비스로 차별화를 꾀해야 할 것이다.

조사 연구결과에 의하면 디지털 양방향방송에서 광고효과는 광고유형에 따라 차이가 있으며, 광고유형과 수용자 특성에 따라 광고효과의 차이가 있다. 또한 양방향방송광고는 시청자가 의도적으로 선택하여야만 높은 광고효과를 기대할 수 있기에 다양한 유형의 창의적인 양방향방송광고가 개발되어야 한다. 이처럼 디지털시대의 방송업계는 향후 주요한 수익모델이 될 다양한 양방향방송광고가 구현가능한 플랫폼을 구축하여야 할 것이다.

셋째, 광고주는 양방향방송광고를 새로운 마케팅 도구로 효율적으로 활용할 수 있는 양방향 마케팅 전략을 구사해야 할 것이다. 다매체 다채널 시대에서 각 채널별로 시청자는 줄게 되고 광고효과는 떨어지게 된다. 광고 커뮤니케이션의 목표는 단순하지만 양방향방송광고는 재미있기에 관심을 끌 만하다. 특히 본 연구 조사결과에 의하면 Digital CATV를 시청하면서 추가 정보를 탐색해 본 경험이 있는 수용자는 59.4%로 그렇지 않은 수용자가 40.6%보다 많은 것으로 나타났다. 또한 Digital CATV 수용자들은 Digital CATV에서의 양방향 서비스에 대해 비교적 긍정적으로 인식하고 있음을 알 수 있다. 이는 IPTV에서도 유사한 결과를 보인다. 방송의 디지털화에 따라 양방향방송광고에 대한 수용자의 관심이 증대되고 있음을 이 조사 결과를 보면 알 수 있다. 양방향방송광고가 광고효과도 기존의 단순 노출형 방송광고보다 상대적으로 높다는 것을 본 조사에서 알 수 있다.

더구나 방송프로그램의 시청자를 근거로 불특정 다수를 향해 물량으로 광고공세를 하는 차원을 떠나서 정확한 타깃팅과 함께 타깃 특성에 부합하는 마케팅 활동을 해야 한다는 것은 광고주에게 부여된 주요한 과제이다. 양방향방송광고는 채널별 타깃팅이 가능하다고 했던 아날로그 케이블 TV 광고의 장점보다 더욱 타깃 특성에 맞는 효율적인 광고 집행이 가능하다고 볼 수 있다. '양방향 타깃광고', 즉 시청자의 특성, 시청시간대, 선호 콘텐츠 등을 분석해 이용자에게 최적화된 광고를 제공하는 기법으로 동일 시간대 동일 콘텐츠를 보더라도 이용자별 광고유형을 달리 내보내는 양방향방송광고도 가능하다.

또한 T-커머스와 같은 양방향 서비스는 각 기업의 광고비 지출을 줄이고 보다 효율적으로 상품과 서비스를 유통할 수 있는 기회이다. 양방향방송광고는 광고를 보는 것뿐만 아니라 바로 그 자리에서 구매까지 할 수 있는 'T-Commerce'와의 연결고리가 될 수 있다. 광고주는 광고와 T-커머스를 직접 연결하여 방송에서 양방향광고와 함께 상품을 직접 파는 전략을 선택할 수 있다.

양방향방송광고는 점차 기존 광고유형에 식상해 있는 시청자들로 하여금 능동적으로 광고에 관심을 갖고 반응하게 할 수 있게 한다. 광고주는 양방향방송광고와 같은 새로운 마케팅 도구를 적극 활용하여 고객의 특성에 맞는 표적별 광고마케팅과 고객과의 양방향 커뮤니케이션을 실현함으로써 마케팅의 효율성을 더욱 높여야 할 것이다. 이를 위하여 각 기업의 입장에서는 이러한 양방향방송광고를 가장 효과적으로 활용하는 방안에 대해 연구하고 이를 활용할 수 있는 조직을 구축하고 이 분야의 사내 전문 인력양성을 위한 교육에 투자해야 할 것이다.

넷째, 광고회사의 입장에서는 지금까지 해 온 것과는 다른 완전히 새로운 광고마케팅 서비스 전략을 모색해야 할 것이다. 우리나라에서 만들어지는 방송광고는 대부분 지상파 방송에서 방송을 하기 위해 만들어진다. 간혹 특별한 형식을 이용한 광고형태가 등장하지만 만들어지는 포맷은 규격화되어 있다. 하지만 다매체 다채널로 미디어 환경이 다양해지고 그 기술의 발전 방식이 다르다 보니 광고회사는 혼란스러운 상황에 놓여 있다. TV 광고는 죽지 않지만 양방향방송 TV 플랫폼에 적합하게 재탄생되어야 할 것이다. 편성개념의 TV 프로그램의 앞과 뒤, 그리고 중간에 광고 영상이 방영되는 광고 모델의 기본질서는 여전히 유효하다. 이러한 기본질서에 양방향성과 광고 효과의 피드백(Feedback) 그리고 직접 고객과의 커뮤니케이션이 부가되기에 본래 광고의 효과는 더욱 배가될 것이다. 기존 TV의 파생 미디어인 양방향 TV 플랫폼은 주 매체와 보조매체가 하나의 통합 매체에서 모두 믹스될 수 있게 되다. 디지털 CATV와 IPTV 유료 서비스의 최대 강점은 양방향성에 있다. 이러한 변화에 광고 회사의 능동적인 대응이 필요하다.

2012년이면 기존의 아날로그방식의 TV 방송은 중단된다. 따라서 광고 회사의 주 수입원인 TV 방송광고의 형태가 기존광고방식과는 전혀 다른 새로운 형태로 전개될 것이기 때문에 준비가 있어야 한다. 양방향방송광고의 유형은 기존의 방송광고와 다르게 소비자와 커뮤니케이션하게 될 것이다. 따라서 광고회사는 양방향방송광고를 기획, 제작, 집행할 수 있는 새로운 기술과 시스템 그리고 전문역량을 갖춘 새로운 인력을 양성해야 한다. 광고회사가 디지털 TV 방송 시대에 적절한 효과적인 양방향방송광고를 기획하고 제작하여 소비자와 광고주 모두에게 도움이 될 수 있는 서비스를 제공할 수 있도록 지금부터 본격적인 준비를 해야 할 것이다.

다섯째, 양방향방송광고의 활성화를 위해서는 양방향방송 미디어랩을 육성할 필요가 있다. 양방향방송광고의 매체를 대행하는 미디어랩은 기존의 미디어랩보다 더욱 전문적인 지식과 기술을 필요로 한다. 따라서 기존의 단방향 방송광고 매체 대행사는 양방향방송광고를 집행하는 데는 전문지식과 기술이 부족하다고 볼 수 있다. 처음부터 양방향방송광고 매체 대행이 가능한 기술과 전문지식을 겸비한 신규 미디어랩이 설립될 필요가 있다. 양방향방송광고는 기존 방송광고와는 기획과 제작방식부터 다르다. 광고의 양방향성을 고려해야 하기 때문이다. IPTV를 비롯한 양방향방송이 구현해 낼 수 있는 양방향광고 형태는 무궁무진하다. 기존 전통적 방송광고의 특징과 인터넷 광고에서 보여 줄 수 있는 양방향적 특성을 모두 융합시키는 새로운 유형의 방송광고가 끊임없이 창안될 것이고 이를 모두 총괄, 관리, 집행할 수 있는 전문 기술과 지식을 갖춘 미디어랩이 설립되어야 양방향방송광고가 활성화될 것이다.

여섯째, 학계에서도 디지털 TV 방송에서의 광고효과와 양방향방송광고 활성화에 대하여 관련업계와 함께 지속적인 관심을 가지고 연구해야 한다. 소비자는 광고를 그다지 좋아하지는 않는다. 그렇지만 만일 미디어에 광고가 없다면 소비자가 좋아하는 콘텐츠 가격은 최소한 현재의 25배 정도가 될 것이다. 마음에 드는 콘텐츠는 소비자에게 무한대의 가치를 준다. 가치는 정서적인 개념이므로 정량적으로 표현하는 것은 무리가 있다.

양방향방송광고와 관련해서 효과 측정 방법에 대한 논의는 많지 않은 편이다. 그것은 양방향방송광고가 아직 산업적으로 성숙하지 않았고, 몇몇 사업자들이 각 사별로 고유한 기준과 방법을 통해서 효과를 측정하고 있기 때문이다. 양방향방송광고의 선두주자였던 윙크(wink)의 경우 양방향방송광고의 효과를 'impression – interaction – offers taken'로 측정하고 있다. 즉 양방향방송광고의 '단순 노출 – 시청자의 상호작용 – 광고주가 제공하는 최종 목표 활동에 참여'라는 3단계 효과 측정이다. 여기에서 광고주가 제공하는 최종적인 목표 활동의 참여는 샘플 요청, 회원 가입, 투표나 조사 참여 등이 해당된다. 또 미국의 DiMAS 그룹과 AAAA(American Association of Advertising Agencies)에서는 디지털방송광고의 유형과 광고 시스템, 그리고 VOD 광고의 정의와 효과 측정의 가이드라인을 제안한 바 있다.

본 연구 조사결과에 의하면 IPTV와 디지털 CATV에서 광고효과는 양방향방송광고 유형에 따라 차이가 있으며, 광고유형과 성별에 따라 광고효과의 차이가 있음을 알 수 있다. IPTV 수용자는 이벤트형 광고를 가장 선호하고, 다음으로 정보제공형, 영화형, 커머서형, 게임형 순이며, 일반노출형은 가장 낮았다. Digital CATV에서 광고효과도 이벤트형 광고가 가장 높으며, 일반 노출형 광고가 가장 낮음을 알 수 있다.

또한 고관여 상품인가 저관여 상품인가에 따라서도 광고효과가 달라지므로 상품과 서비스의 특성을 감안하여 적절히 양방향방송광고를 활용하여야 목표로 하는 효과를 얻을 수 있을 것이다. 이러한 조사결과는 시청자의 양방향 서비스 이용실태에 따라 변해 갈 것이다. 양방향방송광고의 활성화를 위해서는 양방향방송광고 효과에 검증과 자료로서 주기적인 효과측정이 필요하다. 또한 다양한 양방향방송광고 유형을 개발하고 이에 대한 효과를 검증하는 노력도 필요하다.

이처럼 학계에서는 연구결과가 광고회사와 광고주에게 활용될 수 있도록 실용적인 연구를 해야 한다. 영국과 홍콩 등과 같은 디지털 TV에 있어서 선

진국이라 할 수 있는 나라들과의 비교연구를 계속 해야 한다. 또한 양방향방
송광고 전문인력을 양성하여 국가경제의 발전에 보탬이 되어야 할 것이다.

이상과 같이 정부, 방송업계, 광고주, 광고회사, 관련학계 공동의 노력이
함께할 때 양방향방송광고는 활성화될 것이고 디지털방송을 통해 양질의 콘
텐츠와 서비스를 구현할 수 있는 주요한 재원이 제공될 수 있게 되고 또한
기업의 광고마케팅에 좋은 툴로 역할하면서 국가 경제의 건강한 발전에도
기여하게 될 것이다. 또한 디지털 강국으로서의 대한민국의 디지털방송과
디지털방송광고 산업의 발전에도 기여하게 될 것이다.

Ⅴ 양방향방송광고 효과 조사결과의 관련 업계 활용 방안

1. 광고주 활용방안

신제품 런칭을 위한 광고 집행에 있어서 본 조사의 결과에서 볼 수 있듯이 일반노출형 광고의 경우 광고효과가 4.13으로 나타났고 정보제공형 광고(4.81), 영화형 광고(4.68), 게임형 광고(4.54), 이벤트형 광고(4.98), 커머스형 광고(4.63)로 기존 일반 TV 광고보다 양방향방송광고의 형태가 광고효과가 높은 것으로 나타나 광고주는 IPTV 및 디지털방송 가입자의 구매의지 및 신제품 수용 태도를 활용할 수 있다.

타깃 특성에 맞는 광고 유형을 파악하는 데 유용한 자료로 활용할 수 있다. 이벤트형 광고효과가 4.98로 가장 높게 나타난 것처럼 광고주는 양방향방송광고를 저비용으로 활용하여 광고효과를 높이고 바로 제품 구매로 연결할 수 있다.

광고유형별 특성에 맞는 성별, 직업별, 소득별 광고효과를 활용할 수 있다. 조사결과 10대나 20대 초반의 수용자의 경우는 게임형 광고를 많이 선호하고 40대와 50대의 수용자는 영화형 광고나 이벤트형 광고에 선호도가 높음을 알 수 있었는데 광고주는 제품의 특성과 고객 대상에 따라 양방향방송광고의 유형을 효과적으로 선택할 수 있다.

2. 광고회사 활용방안

IPTV 광고상품 특성에 따른 광고유형별 광고효과 차이 조사의 결과를 토대로 비교해 보면 정보제공형 광고의 광고효과는 저관여 제품에서의 광고효과가 4.81이고 고관여 제품에서의 광고효과가 5.28로 나타나 고관여 제품이 저관여 제품보다 높음을 알 수 있는데 광고회사에서는 똑같은 정보제공형 광고를 하더라도 본 조사결과를 활용하여 IPTV와 Digital CATV 양방향서비스에 적합한 광고물 기획서 및 시나리오에 반영하여 광고 기획에 활용할 수 있다.

Digital CATV에서의 연령에 따른 광고유형별 기대효과 조사결과에 따르면 20대 이하의 경우 일반노출형 광고의 광고효과는 3.93인 데 비해 이벤트형의 광고효과는 4.58로 나타났다. 30대 이하의 경우 일반노출형 광고의 광고효과는 4.11인데 비해 이벤트형의 광고효과는 4.71로 나타났다. 40대 이하의 경우 일반노출형 광고의 광고효과는 4.03인데 비해 정보제공형의 광고효과는 4.56로 나타났다. 50대 이하의 경우 일반노출형 광고의 광고효과는 4.13인데 비해 이벤트형의 광고효과는 4.76로 나타났다. Digital CATV 실가입자를 기반으로 조사된 유형별 광고효과를 활용하여 광고물 기획 초기 단계에 반영함으로서 시청자의 수용형태에 적합한 광고물 제작이 가능하다.

또한 본 조사결과를 통하여 IPTV와 Digital CATV 가입자를 위한 통합 마케팅에 활용할 수 있는 광고 서비스에 활용가능하다.

3. IPTV, 디지털 CATV 업계 활용방안

조사결과에 따르면 IPTV의 경우 선호 프로그램으로 드라마 38.1%, 영화 28.8%, 다큐 8.4% 등으로 조사되었고, Digital CATV의 경우 선호 프로그램으로 드라마 27.6%, 영화 24%, 스포츠 14.6%, 뉴스 13.7% 등으로 조사되었다. 이러한 결과들을 활용하여 IPTV와 Digital CATV 초기 가입자들의 선호 PGM, 선호 서비스, 선호 기능, 요구사항을 적극 반영해 디지털방송의 양방향서비스 개발 및 프로그램 편성에 활용할 수 있다. IPTV와 Digital CATV 가입자의 수용형태를 토대로 하여 양방향방송광고 중 가입자가 원하는 형태의 광고 형태를 개발하여 공급함으로써 시청자의 만족도 제고 및 주목률 상승 효과를 살릴 수 있다.

본 조사결과를 활용하여 IPTV 및 Digital CATV 가입자의 미디어 사용행태 조사결과와 서비스 요구사항을 반영하여 양방향서비스를 쉽게 활용할 수 있는 적합한 서비스 개발에 활용할 수 있고 IPTV, Digital CATV의 양방향방송광고는 주요 수익원으로 활용가능하다.

참고문헌

권호영, 주정민, 이천식(2001), "디지털 시대 데이터방송의 현황과 과제", 한국방송진흥원, 11.

권호영 · 황상재 · 김형일(2001), "데이터방송 사업자의 현황과 전략", 한국방송진흥원, 12.

고장원(2002), "양방향TV광고에서 T – Commerce로".

고중걸(2005), "디지털 양방향TV의 경제적 파급효과", <IT리포트>.

김대호(2002), 『양방향TV: 멀티미디어 시대의 텔레비전과 인터넷의 융합』, 나남.

김명중(2002), 우리나라의 바람직한 쌍방향TV광고도입 연구, 한국방송광고공사 연구보고서.

김봉현(2004), "디지털 쌍방향 방송서비스 환경에서의 제품삽입 및 간접광고(PPL)의 운영방안에 관한 연구", 광고학연구, 15권 5호.

김성중(2002), "데이터방송 실시 이후 Interactive TV 광고의 형태와 운영에 관한 연구", 연세대학교 석사학위논문.

김원석(2006), "인터랙티브TV광고의 미래", Cheil Communication, April, pp.62 – 63.

김재휘, "광고와 인간심리 – 소비자를 변화시키자", 광고정보, 2002년 11월.

김상훈(1998), "디지털시대의 방송광고", 한국방송학회 국제세미나 발표문.

김상훈(2006), "IPTV와 광고산업", KAA저널 2006년 9/10월호.

김효정(2008), "갈 길 급한 IPTV, 올해도 빈깡통 신세되나?", 지디넷코리아, 11월 3일.

김원석(2008), "IPTV 세계로의 초대 콘텐츠 – '인터넷TV(IPTV)' 온에어", 전자신문, 9월 4일.

김희경(2008), 디지털 시대 양방향광고의 문제점과 대안, 한국광고학회 특별 세미나, IPTV와 디지털 케이블TV의 상생방안.

김희경, 오경수(2007), 『디지털시대의 케이블콘텐츠 전략』, 커뮤니케이션북스.

김현아(2008.6.26), "헌재, 방송광고 사전심의는 '위헌'", 아이뉴스24.

김현아(2008.10.30), "방송계, 광고 자율심의체제 구성", 아이뉴스24.

김효근, 문남미(2002), "T – Commerce 전략과 기술", 시그마인사이트컴.

문철수(2008), "방송통신 융합시대의 광고제도", 한국방송학회토론회 발제집.

미디어미래연구소(2005), "뉴미디어 방송시대의 바람직한 방송규제 정책방향 연구",

한국무선국관리사업단, KORA연구 2005 - 03.

방송위원회(2002), "디지털방송추진위원회 종합보고서".

방송위원회(2004), "데이터방송 정책 마련을 위한 공청회", 방송위원회 공청회 자료집.

방송위원회(2004.12.7), "데이터방송채널사용사업자 승인 기본계획".

방송통신위원회(2008), "데이터방송의 광고 규제 완화 안".

박천성(2008), "IPTV시대의 광고패러다임의 변화와 전망".

변동현, 양영종(2006), 디지털 컨버젼스시대 인터랙티브TV광고의 효과측정 방법에
　　　관한 연구, 한국방송광고공사 연구보고서, pp.60 - 65.

송은영(2005), IPTV 이용동기와 충족에 관한 연구, 홍익대 석사학위논문.

송정렬(2006), "세계 IPTV 폭발적 성장", 디지털타임스, 8월 7일.

서범석(2001), 방송광고 총량제의 제도 및 정책에 대한 고찰.

서범석(2001), 방송광고 운영제도 개선방안, 문화관광부, [2001 광고진흥워크숍].

Shirley Brown, 양방향 디지털TV: 영국시장에서의 새로운 경쟁, 세미나공청회 정
　　　보통신정책연구원 연구보고서, 2001.

KOBACO, "국내 인터랙티브TV광고와 전자상거래 규모 예측", 내부보고서, 2001.

초성운, 이상우, 김도연, "양방향 방송서비스 도입에 따른 방송산업 영향 분석",
　　　정보통신정책연구원 연구보고서, 2002.

안종배(2002). 한국 디지털 TV 방송에서의 양방향 광고효과에 관한 실증연구. 광
　　　고연구, 56.

안종배(2003), "디지털TV방송광고 현황과 활성화 방안 연구", 한국방송학회 봄철
　　　학술대회 발표문.

안종배, 고장원(2003), 디지털방송 광고마케팅의 이해, 두남출판.

유재천 외(2005), 『디지털 컨버전스』, 커뮤니케이션북스.

윤창번, 김도연, 김국진, 곽동균, 천혜선(2001), "데이터방송 도입을 위한 제도적
　　　개선 방안 연구", 한국무선관리사업단, 5.

여송필(2001), "인터랙티브 미디어의 광고동향 연구", <한국방송광고공사 연구보
　　　고서>.

여송필(2002), "인터랙티브 광고시스템 구축방안에 관한 연구", 한국방송광고공사
　　　연구보고서.

여송필(2006), "데이터방송 광고요금 및 판매대행에 관한 연구", 한국방송광고공사.

여송필(2002). 양방향 광고시스템 구축방안에 관한 연구. 한국방송광고공사 연구
　　　보고서.

여송필(2001), 인터랙티브 미디어의 광고동향 연구, 한국방송광고공사 연구보고서.

여송필(2002), 인터랙티브 광고시스템 구축방안에 관한 연구, 한국방송광고공사
　　　연구보고서.

윤효선(2008), 방통융합시대 양방향 TV 활성화 전략 및 방향성, SIAD 세미나, 3월 8일.

이승헌(2006), "제 3기 방송위원회에 바란다", 광고계 동향 8월호.

이시훈(2005), "디지털미디어와 광고: 현황과 전망, 광고홍보학보, 7(5), 57 – 81.

이시훈(2003), "인터랙티브 광고 활성화 방안 연구", 한국방송광고공사 연구보고서.

이시훈(2005), "데이터방송의 현황과 정책과제", <방송연구>, 여름호.

이시훈, 탁신영(2006), "양방향 TV광고의 효과에 관한 실험연구", <광고연구>, 71, pp.171 – 196.

이시훈, 김세철(2001), "인터랙티브 TV광고의 도입과 지상파 방송광고의 위상", 광고연구, 52호, pp.217 – 240.

이시훈, 김성중(2002). "국내 광고 실무자들의 인터랙티브 TV광고에 대한 평가와 인식에 관한 연구", 광고학 연구, 13(3), pp.53 – 69.

이시훈(2003), "양방향 TV광고의 효과에 관한 연구, 제품, 메시지, 개인차 요인을 중심으로", 광고 연구, 59호, pp.137 – 157.

이주현(2003), "인터랙티브 텔레비전에서의 전자상거래", 광고연구, 58호, pp.205 – 231.

이재식(2008), "데이터방송 활성화 방안", 디지털미디어트렌드, 통권 22호.

이정일(2008), "몸집 불리는 디지털TV, 서비스는 '엉망'", 아시아이코노미, 7월 14일.

이학선(2008), "케이블TV 對 IPTV, 최종 승자는 누구?", 이데일리.

이희욱(2008), 오픈 IPTV, "카페기반 전문채널로 차별화", 뉴스와 분석, 8월 26일.

조경준(2005), 해외 IPTV 서비스 추진 동향, 국회 도서관.

조정형(2006), "뉴미디어, 광고시장 뒤집는다", K모바일, 5월 18일.

정인숙 · 김경환 · 김희경(2007), "방통융합시대 데이터방송 정책에 대한 연구", 방송위원회.

주정민(2004), 데이터방송의 현황과 쟁점, 방송학회 토론문.

주정민(2006), "T – Commerce의 방송산업파급효과와 정책방안에 관한 연구", 방송위원회.

최용준(2002), '디지털 양방향 서비스의 운영 모델 탐색과 비즈니스 모델 연구', 한국방송영상산업진흥원 연구보고서 02 – 06.

최용준(2002), 디지털 양방향서비스, 한국방송영상진흥원 연구보고서.

한국케이블TV방송협회(2008), http://www.kcta.or.kr

한국 광고정보센터(2008), http://www.adic.co.kr/index.do

디지털 타임즈, http://www.dt.co.kr/, 한지숙 기자 / 박창신 기자

국회전자도서관, http://www.nanet.go.kr/: 디지털 케이블 TV의 전망 연구, 디지털 TV 양방향 서비스의 현황분석과 활성화 방안 연구, 양방향TV 서비스 수용자에 관한 연구: 디지털위성방송을 중심으로

한국광고단체연합회 http://www.kfaa.org 김성호 기자

Brodin, K., Barwiese, P. & Canto, A. I.(2002). UK consumer responses to iDTV report. London Business School Future Media Research Programme, Working Paper.

Stroud(2003). iDTV: Consumer Behaviour and Interactive Advertising. www. london.edu/marketing/Future/Future_Media_Events/FM_Presentations.

Wink(2000). Annual Report 1999, Wink Communications, INC.

Bernoff, J(2001), Interactive TV Advertising: Time to Get Started, Forrester Research Inc., 9.

Brown, A(2003)., The digital future of terrestrial advertiser – supported television. Prometheus, 21(1), pp.41 – 57.

DiMAS(2003), A analysis of Advertising opportunities and huddles in digital media, The DiMAS Report.

Jenzowsky S(2005)., "The Future of Television", ITV Show Europe 2005, 10.

Howard Unna(2002), "Digital Interactive Television", 5th Access Annual Conference, Interactive TV Advertising, London, pp. 20 – 21.

Bernff, J. (2002), Smarter Television, Forrester Research, Inc.

Brodin, k, Barwiese, P. & canto, A. I.(2002), UK consumer response to: DTV Report, London Business School Future Media Research Programme, Working Paper.

Mackenzie, S. B. Lutz, R. J. & Belch, G. E(1986), "The role of attitude toward the Ad as a mediato of advertising effectiveness: A test of competing explanations", Journal of Marketing Research, 23. pp.130 – 143.

Krugman, H.E(1967), "The measurement of advertising involvement", Public opinion Quarterly, 30, pp.583 – 596.

Stroud(2002), Interactive advertising on the sky digital platform.

Stroud(2002), [http://www.london.edu/marketing/Future/Futuremedia.Events/

Stroud(2002), FM_Presentations/Adrian_Stroud_Press_-_with_slides_deleted.ppt

Swann, P(2002), TV dot com: The future of interactive television, NY: TV Books.

Thomas, A., Dyson, S. & O'Breien, S., "The Digital branding: Merging digital broadcasting with the Internet", John Wiley &Sons, Inc, NY, 2001.

Wink(2001), "The power of wink, case studies and success stories", Wink Communications, INC.

Zaichkowsky, J. L.(1985), "Measuring the involvement construct", Journal of consumer Resarch, 12.

▍약 력

서울대학교와 연세대학교 언론홍보대학원(1기), 경기대학교 대학원 및 미시건주립대학 대학원에서 국제광고와 디지털마케팅을 전공하였고 국내 최초로 국제인증 국제광고전문인(IAA 뉴욕본부) 자격증과 디지털마케팅 박사학위를 취득했다.

현재 한세대학교 미디어영상학부 교수로 양방향방송광고와 콘텐츠광고마케팅 등 디지털광고마케팅 교육과정을 국내 최초로 개설, 운영하고 있으며, (사)유비쿼터스미디어콘텐츠연합 공동대표, (민)클린콘텐츠국민운동본부 대표, 디지털뉴미디어 국회포럼 운영위원장, 언론중재위원회 중재위원, 한국콘텐츠진흥원 심사위원, 서울시 디지털문화 자문위원, 중소벤처 특별위원회 위원, 대한적십자사 중앙대의원(대통령 임명), 한국방송학회 모바일연구회장으로 활동하고 있다.

안종배 교수는 디지털미디어와 콘텐츠를 활용한 디지털 광고마케팅의 선구자로서 15년 전부터 국내에 인터넷마케팅, 모바일마케팅, 디지털방송 마케팅, 디지털콘텐츠 마케팅, 블루오션 마케팅, 콘텐츠마케팅, 1인미디어 마케팅 등을 소개하여 왔다. 이로 인해 그는 일명 '디지털 교수'로 불리고 있다.

국내 최초의 글로벌광고 마케팅을 100여 개국에 런칭하고(1995년 LG) 국내 최초의 양방향방송 프로그램을 기획, 제작하는(2000년 SBS) 등 광고마케팅 부문의 풍부한 실전경험과 디지털미디어와 디지털 콘텐츠를 활용한 디지털 광고마케팅에 대한 연구경험을 바탕으로 전문가를 위한 디지털 광고마케팅 교재와 일반인들도 쉽게 1인미디어를 포함한 디지털미디어를 이용한 광고와 콘텐츠마케팅을 이해하고 활용할 수 있도록 풍부한 사례와 재미있는 이야기 형식으로 흥미로운 저술과 강의 활동을 계속하고 있다.

특히 안종배 교수는 2000년부터 디지털방송에서의 양방향방송광고에 대한 활발한 연구와 저술 활동을 통해 양방향방송광고를 국내에 소개하고 새로운 양방향방송광고 유형을 개발하는 등 이 분야의 선구자이자 최고의 전문가로 국내외에 알려져 있다.

▍주요 저서

『디지털방송 광고마케팅의 이해』(2003)

『나비효과 1인소셜미디어 마케팅』(2010)

『나비효과 콘텐츠 마케팅』(2008)

『나비효과 블루오션 마케팅 100』(2006)

『나비효과 디지털 마케팅』(2004)

『Success 인터넷 광고 마케팅』(2003)

『벤처기업 마케팅』(2002)

『디지털 영상 마케팅』(2002)

『이메일 마케팅 커뮤니케이션』(2001)

e-mail_ daniel@cleancontents.org

세계의
양방향방송광고,
IPTV와 **DIGITAL CATV**
양방향방송광고 효과

초판인쇄 | 2010년 2월 26일
초판발행 | 2010년 2월 26일

지은이 | 안종배
펴낸이 | 채종준
펴낸곳 | 한국학술정보㈜
주　소 | 경기도 파주시 교하읍 문발리 파주출판문화정보산업단지 513-5
전　화 | 031) 908-3181(대표)
팩　스 | 031) 908-3189
홈페이지 | http://www.kstudy.com
E-mail | 출판사업부　publish@kstudy.com
등　록 | 제일산-115호(2000. 6. 19)

ISBN　978-89-268-0837-5　93070 (Paper Book)
　　　　978-89-268-0838-2　98070 (e-Book)

본서는 방송통신위원회 조사연구지원사업으로 지원된 연구결과입니다.

내일을여는지식 은 시대와 시대의 지식을 이어 갑니다.